我是学习王

消化与循环，呼吸与排泄

〔韩〕善友教育出版社编辑部/著绘　洪梅/译

让8—14岁的孩子爱观察爱实验
提前爱上生物课！

# 我是生物王 2

北京联合出版公司
Beijing United Publishing Co.,Ltd.

## 小读者们请注意

亲爱的同学们，这是一本帮助你迈入生物世界，辅导你进行生物学习的课外书。当你阅读这本书时，你可以在教材上找到相对应的生物知识。或许，你对变幻多端的生物实验特别感兴趣，想在家也尝试着做实验，当一回生物学家。在这里，我要严肃地告诉你，这么做是特别危险的，千万不能随便在家做实验。因为在生物实验的过程中，会发生很多突发情况，例如试剂挥发有毒物质，被实验器具划伤身体，这些都是危及生命的。如果不是在专业的环境里、采用专业的实验器具就做实验是非常危险的，同学们一定不能这样做。如果你想深入地观察生物体的特征，亲自动手实验就一定要在老师的指导下，在专业的实验室里进行。

# 目录

我是生物王 ②

## III. 消化与循环



## IV. 呼吸与排泄

# Ⅲ.消化与循环

你竟然对淑女
如此无礼？
哐啷

哎呀！
有话一会儿
再说。
哒哒哒…

哐
当

看来他确实很急啊。

这是什么
声音？
噗
啪唧
咕噜噜噜
噗

虚
脱

我的妈呀，这都已经第几回啦。
一整天光在厕所里待着了……

所以我叫你
不要吃那么多
东西的嘛。
不要再
唠叨我
啦……

好了，翻开书吧！这次我们学的
内容对你现在会有帮助的啦。
这次我们要
学什么？

消化与循环！

# 1. 营养素和消化

## 1) 营养素

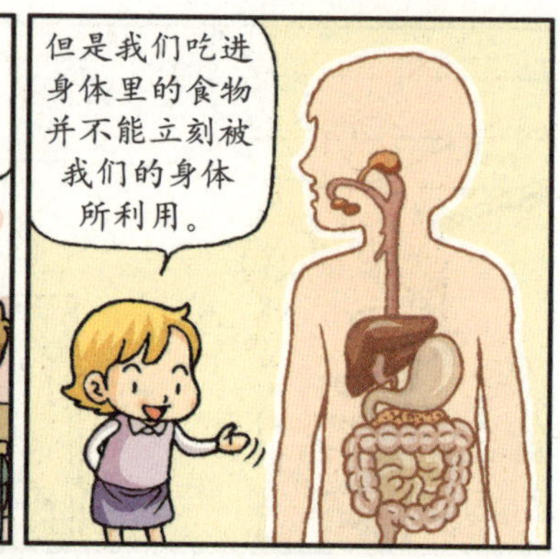


因为食物必须被磨得非常小才能够被小小的细胞所吸收。

所以在我们的身体里需要有一条通道，能够将食物很好地运送到身体的各个部位，并将废物运送出去。

硕基，你说人类为什么要吃饭呢？

我们的身体在需要某些物质的时候立刻就会发出信号。
叮铃铃铃

例如肚子发出咕噜噜的叫声，或者感觉到头晕等……
才饿了几顿而已！头就晕得厉害呀！
咕噜噜噜噜

是的呀，我的胃里感觉空荡荡的时候，肚子就会拼命向我抗议要求吃饭。

不对啦，胃里没有东西并不代表就会感觉肚子饿。
啊，你这又是什么话呀？

因为即使是患有胃癌，把整个胃全部切除的病人也会感觉到肚子饿，
我快要饿死了。

甚至还会感觉到食欲。
一定很好吃！
菜单

即，我们摄取食物的原因是身体需要得到某种物质的供给。
昂昂

当然需要的物质不可能只会是一种啦。
那……那是当然咯。

像这种通过食物摄取的能够构成人体，

或者为人类生存提供能量的物质就称为“营养素”。
真是满桌子的营养素啊。

这些营养素的功能总体概括起来可以分为生长、能量供给、再生三大类！

生长是指帮助人体的成长。

能量供给是指肌肉运动和维持体温。
为了顺利越冬要多吃点才行啊。

再生则是指补充身体中损伤和死去的组织和细胞。
我的细胞还会再生的。
哒哒哒……

根据身体需求的不同，我们需要的营养素也是各不相同的。
啊！

所以像你这样只吃自己喜欢吃的东西的人，会造成有些营养摄入不足，

还有些营养又会过剩。
为什么一定要把我也带进去吗？

如果人体缺乏某些营养素的话，可能会患上营养缺乏症，
咕噜
噜噜

而含量过剩的部分又可能会引起肥胖等症状。
昂
FUN
昂

你吃饭的时候，姨妈最常对你说的话就是：“不许挑食！”对不对？

这句话非常重要，而且也是非常科学的。
科学吗？

下面我们就来具体了解一下这些营养素究竟都有哪些作用吧。

食物中含有的各种营养素一般可以分为两大类，

能够提供能量的营养素，
以及无法提供能量的营养素。
现在开始要做笔记了哦……

首先能够提供能量的三种营养素被称为三大营养素……
啊，这个词好像在哪里听过呢。

这三大营养素分别是碳水化合物、脂肪、蛋白质。
早餐 麦片
营养成分表
碳水化合物
脂肪
蛋白质

这些营养素在我们的身体里被分解的时候，全都能够产生能量，
哇
哇

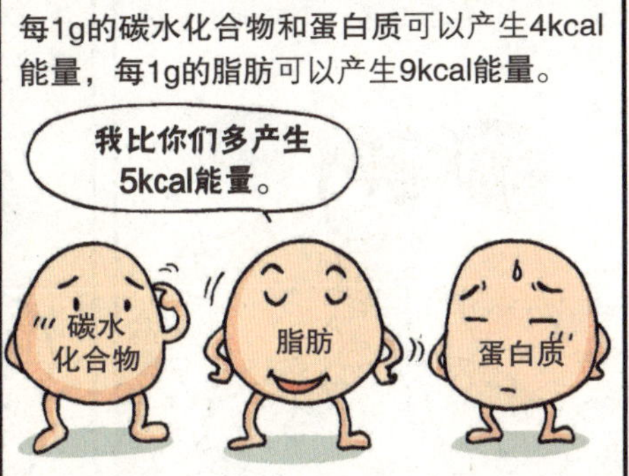
每1g的碳水化合物和蛋白质可以产生4kcal能量，每1g的脂肪可以产生9kcal能量。
我比你们多产生5kcal能量。
碳水化合物
脂肪
蛋白质

那么在这三大营养素中哪一个是主要的能量来源呢？
人们的主食通常是大米和面包……

这个……
是哪个呢？

人体的主要能量来源是类似淀粉、糖和葡萄糖这样的碳水化合物。

脂肪只有很小的一部分被用来提供能量，剩下的都储存在皮下脂肪层之类的地方。
啊！

例如姐姐的小肚子咯！
啊

蛋白质正如我们在前面学过的一样，是细胞原生质的主要成分，同时也是酶和荷尔蒙的主要成分。

这三大营养素的第一个共同点是提供能量，

第二个共同点：它们都是身体的构成成分。

身体的构成成分

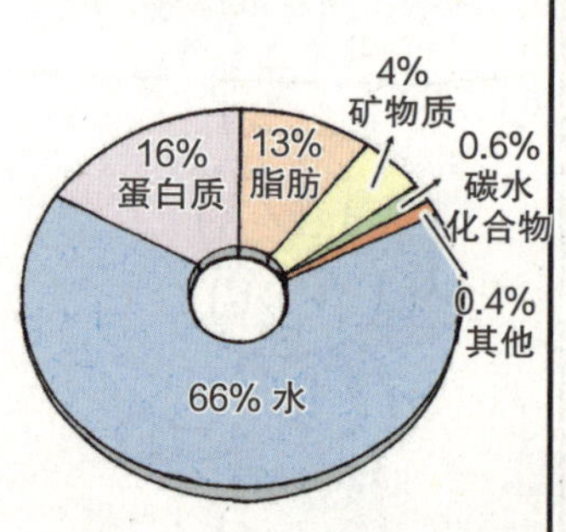


在碳水化合物、蛋白质、脂肪这三大营养素之中，我们通过食物摄取的

碳水化合物量是最多的。

那是因为虽然我们通过主食摄取了大量的碳水化合物，

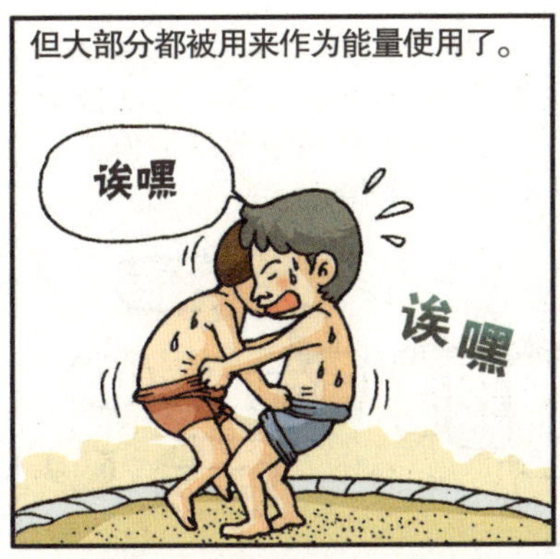
但大部分都被用来作为能量使用了。
诶嘿
诶嘿

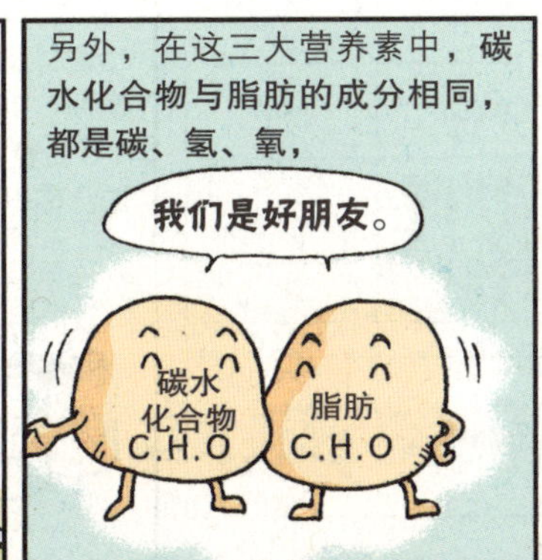
另外，在这三大营养素中，碳水化合物与脂肪的成分相同，都是碳、氢、氧，
我们是好朋友。
碳水化合物 C.H.O
脂肪 C.H.O

但是在蛋白质的成分中除了碳、氢、氧以外，还包含氮元素。
蛋白质 C.H.O.N

所以像你这样摄取过量的碳水化合物，除了用作能量的部分以外，剩下的很容易会变成脂肪。

咦，这是为什么呢？
刚才不是已经讲过了嘛。碳水化合物与脂肪的成分是一样的。

所以我能拥有这完美的S曲线身材……

都是因为我需要多少能量就摄取多少能量。
呵呵呵……

然后再靠运动锻炼出一些肌肉的话就更加完美了！
咻
咻

多茵姐姐的公主病太严重了，我看得找个精神科医生看一看了。

你竟然胆敢嘲笑你的老师！
啪
啊！

不过这三大营养素该如何检测出来呢？
啪
啪

下面就让我们通过实验检测一下食物当中都含有哪些营养素吧？
那么多东西都是哪里弄来的……

| 待检营养素 | 碳水化合物 |  | 蛋白质 | 脂肪 |
|---|---|---|---|---|
|  | 淀粉 | 葡萄糖(糖分) |  |  |
| 试剂 | 碘－碘化钾溶液(淡褐色) | 班氏试剂(蓝色) | 双缩脲试剂(5%氢氧化钠溶液+1%硫酸铜溶液) | 苏丹Ⅲ溶液(红色) |
| 反应颜色 | 蓝色 | 红黄色 | 紫色 | 橘红色 |
| 备注 | 碘反应 | 班氏反应(实验过程中必须进行加热，颜色才会产生变化) | 双缩脲反应 | 需将固体状态的脂肪溶解在苯中才能够检测得出脂肪 |

准备材料：试管、试管架、米糊、鸡蛋清、黄油、洋葱、碘－碘化钾溶液、班氏试剂（5%氢氧化钠溶液+1%硫酸铜溶液）、苯、苏丹Ⅲ溶液、酒精灯

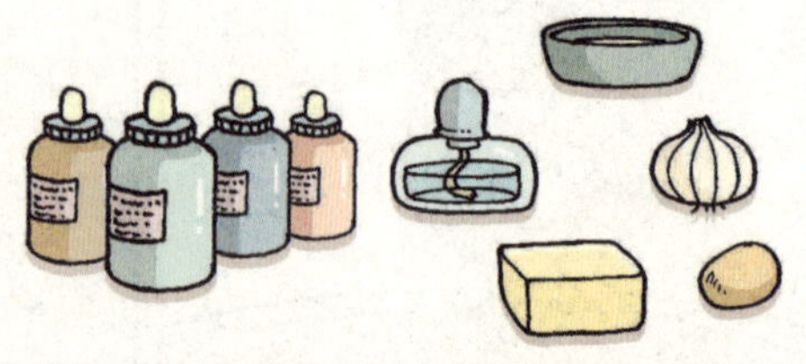

准备A、B、C、D四个试管架，在每个试管架上分别放置四个试管，然后在四个试管架上各选一个试管，分别中放入米糊、鸡蛋清、黄油和洋葱。

首先在A试管架的四个试管中分别滴入2~3滴的碘－碘化钾溶液，

然后在B试管架的四个试管中分别滴入2~3滴的班氏试剂，置于酒精灯上加热，

紧接着在C试管架的四个试管中分别滴入1ml的5%氢氧化钠溶液和2～3滴的1%硫酸铜溶液，

最后在D试管架的四个试管中分别滴入2~3滴的苏丹Ⅲ溶液就可以了。

A试管架上仅装有米糊的试管变成了蓝色，其他试管依然保持试剂原有的颜色。

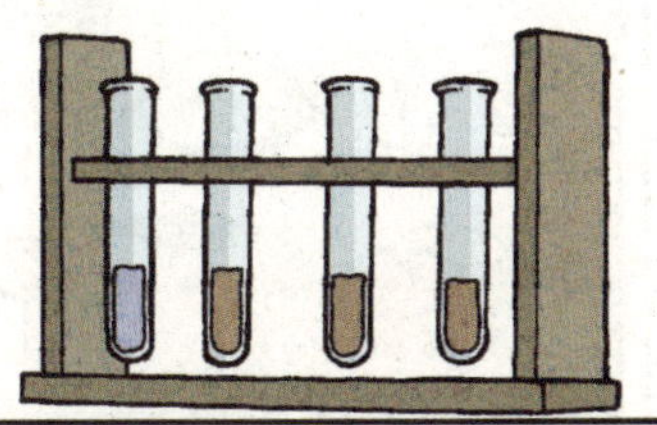

B试管架上仅装有洋葱的试管变成了红黄色，

C试管架上仅装有洋葱的试管变成了蓝色～

D试管架上仅装有黄油的试管变成了红色，

不对，应该是**橘红色**，这通过与其他试管进行比较就可以看得出来。

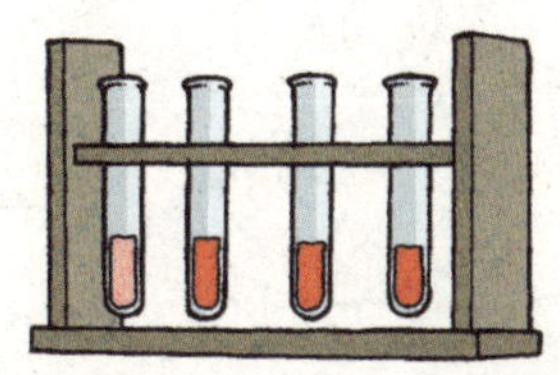

从实验结果来看，米糊中含有名为**淀粉**的碳水化合物，

我可是高级动物的能量来源，还是制造能量的重要物质。

**洋葱**中含有**糖分**形态的碳水化合物。

葡萄糖（Glucose）源自于拉丁语中表示“甜蜜”的单词glykys！

糖

另外**鸡蛋清**中含有**蛋白质**，**黄油**中含有**脂肪**……

像这样根据实验试剂的颜色变化，我们就可以区分出食物中含有的三大营养素了。

而且在这个实验中用到的试剂名称和颜色的变化你都必须记清楚哦。

诶！又是要背的。

我就说嘛，如果你不像我那么聪明，一听就能记住的话，还是乖乖做笔记吧。

你又来了……

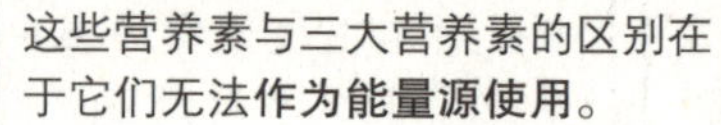

调节生理机能——为了维持生物体的持续活动，对荷尔蒙等物质的作用进行调节的过程。

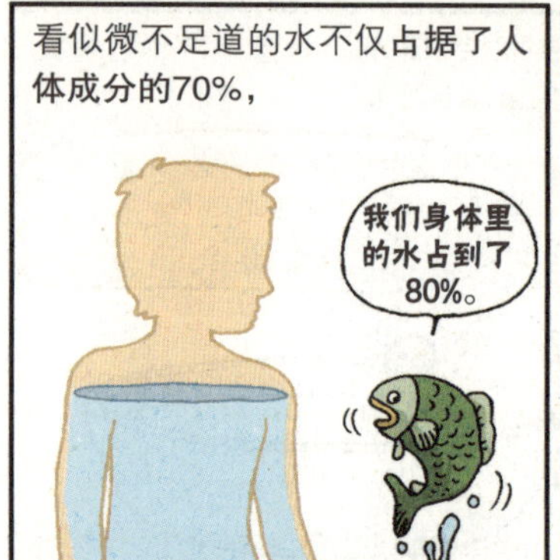

在维生素中既有易溶于水的维生素，例如维生素B1、B2和C。

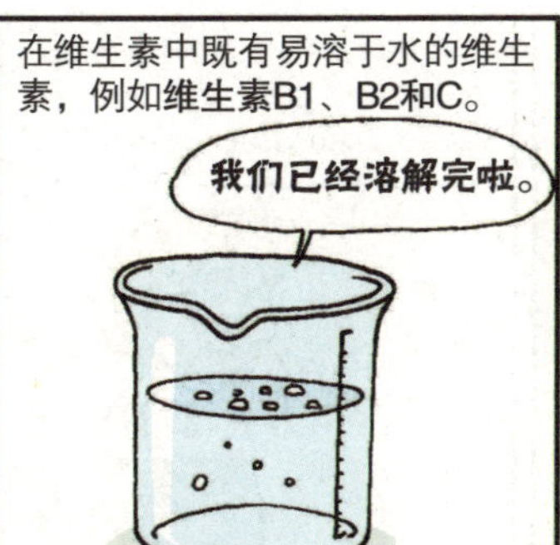


也有不溶于水的维生素，例如维生素A、D、E、K等。

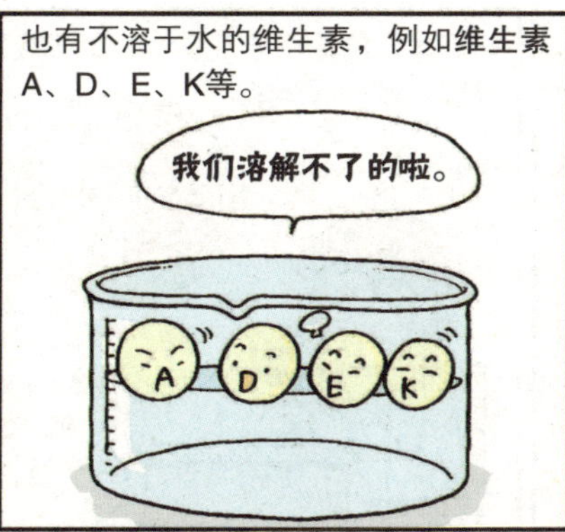


下面我们就用表格整理一下各种维生素的缺素症状，你一定要记好哦。

| 维生素 | 缺素症 | 维生素 | 缺素症 |
|---|---|---|---|
| A | 夜盲症 | D | 佝偻病 |
| C | 败血症 | B1 | 脚气 |
| E | 不孕症 | B2 | 皮肤病 |

所谓**“矿物质”**是指构成骨骼和牙齿的钙、磷，

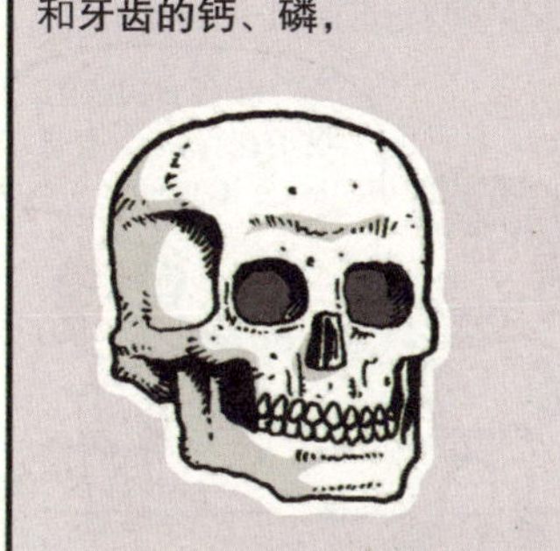

可以调节细胞水分含量的钠和钾，

以及对运输氧气起到关键作用的血红蛋白的主要成分铁等。

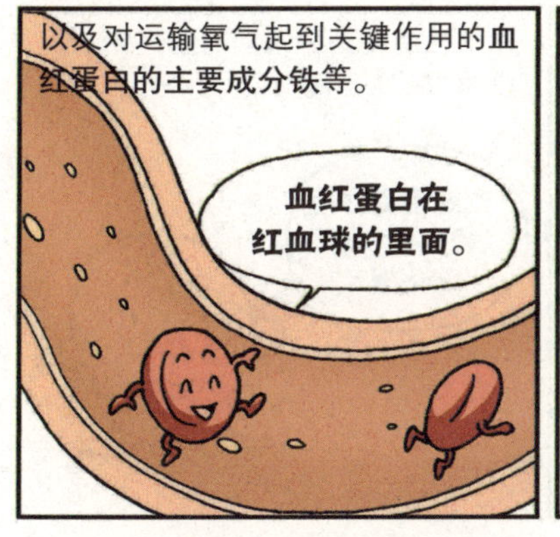


像水、维生素、矿物质这些微量维生素不需要进行处理就可以直接被人体所吸收。

但是三大营养素必须经过处理，让颗粒变得非常小才能够被人体吸收，而这时物质的名称也会发生改变。

那你只要记住它们都会被处理成人体能够吸收的大小就可以了。

像这样把三大营养素分解为最小的单位，变为葡萄糖、脂肪酸和甘油以及氨基酸的过程就称为**“消化”**。

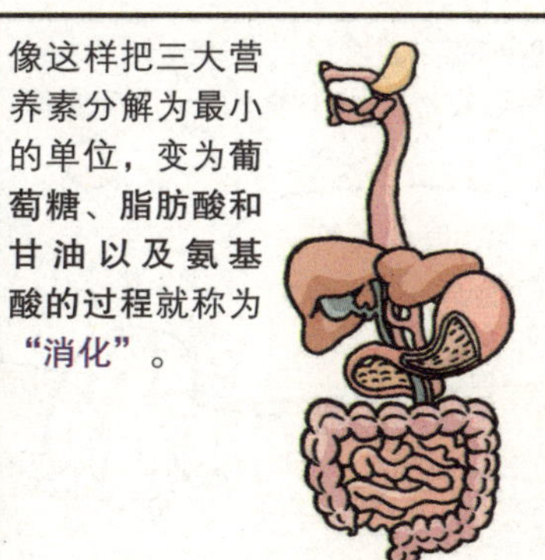

## 2) 消化和吸收

下面我们就来看一下，我们的身体是如何吸收这些营养素的吧。

构成人体的细胞非常小，为了让营养素能够被细胞吸收，
还得再放大一些！

必须经历一个让营养素颗粒变小的消化过程，这个过程一般可以分为机械性消化和化学性消化。

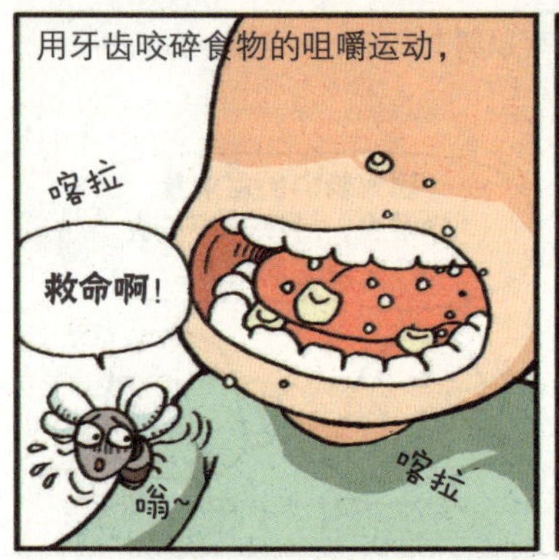
用牙齿咬碎食物的咀嚼运动，
喀拉
救命啊！
嗡~
喀拉

用舌头将咬碎的食物和唾液搅拌在一起的混合运动，
为了促进食物消化，我正在做混合运动，你不用理我。
昂昂

以及将食物送入体内的蠕动运动，这三种运动的组合就是机械性消化……
快来做一次蠕动运动吧。
哎呀

而用唾液或胃液等消化液溶化营养素的过程就称为化学性消化。
咳
咳

我可不是小白鼠。
接下来我们着重学习的是关于化学性消化的内容。

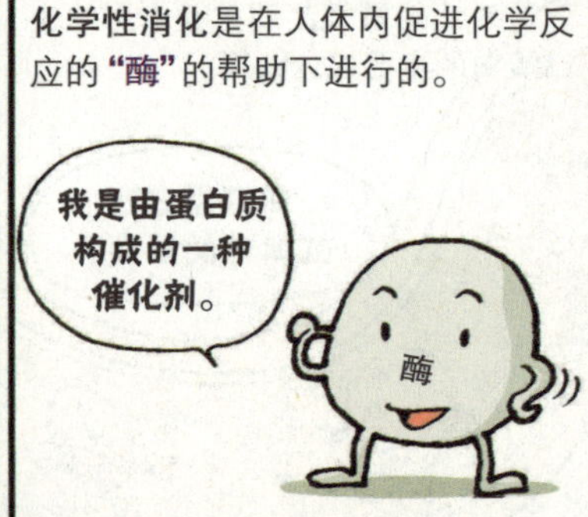
化学性消化是在人体内促进化学反应的"酶"的帮助下进行的。
我是由蛋白质构成的一种催化剂。
酶

这种酶在温度保持在体温范围内时可以正常发挥作用，如果温度太高的话就会受到破坏，
呃，我受不了了。

温度太低的话也无法发挥作用。
我讨厌冬天啦！
咻呜

而在酶中能够促进消化作用的酶就称为"消化酶"！

在这里我们关键要知道的是
这些酶是由什么器官分泌的，
又是用来消化什么物质的。

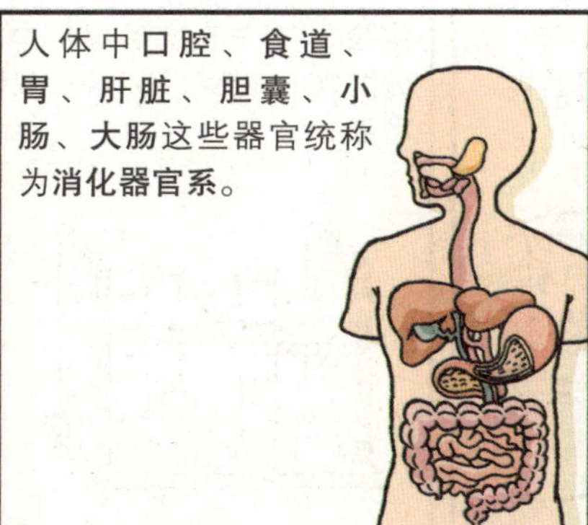
人体中口腔、食道、
胃、肝脏、胆囊、小
肠、大肠这些器官统称
为消化器官系。

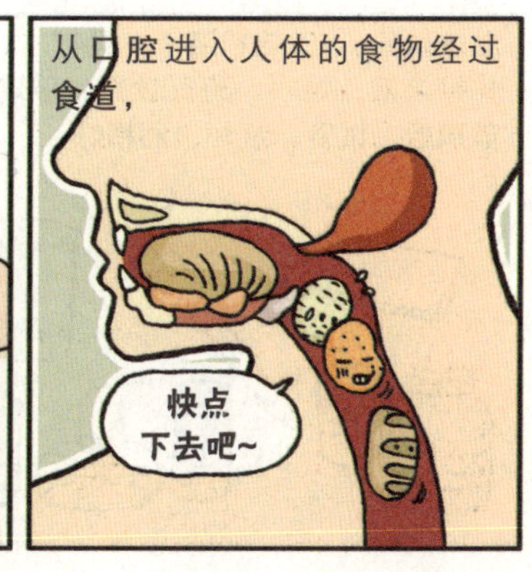
从口腔进入人体的食物经过
食道，
快点
下去吧~

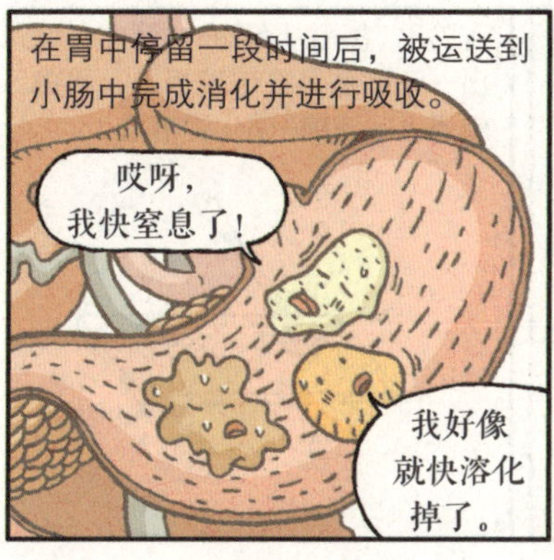
在胃中停留一段时间后，被运送到
小肠中完成消化并进行吸收。
哎呀，
我快窒息了！
我好像
就快溶化
掉了。

那么我们就先
从口腔开始
学习吧。
哎呀，
你要做
什么啦?!

腮腺、舌下腺以及颌下腺向口腔
中分泌唾液，
呃啊昂
啊啊昂啊！

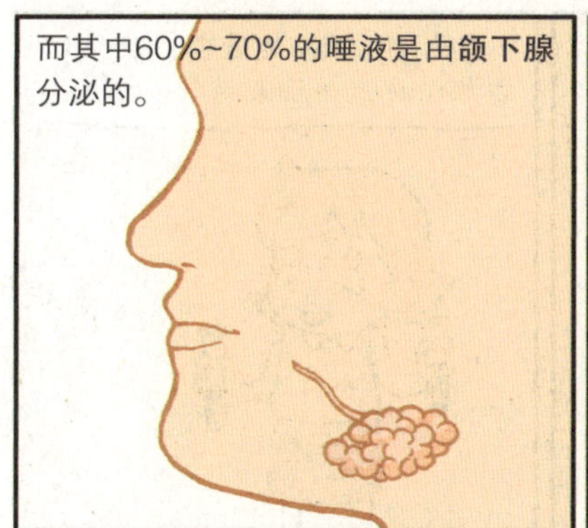
而其中60%~70%的唾液是由颌下腺
分泌的。

唾液的成分中99%是水分，剩下
的是唾液淀粉酶等其他成分。
我们每天少说也要分
泌1升左右的唾液。

这里的“唾液淀粉酶”是与
在口腔中发生的化学性消
化有关的消化酶！

这种唾液淀粉酶无法分解其他营
养素，
我分解不了其他
营养素，所以只能
让淀粉过来。
唾液淀粉酶

只能将属于碳水化合物的淀粉分解
为成分略微简单的麦芽糖。
我们还可以作为消
化药的原材料。
唾液淀粉酶

我们来看一看唾液
淀粉酶是否真的
能够消化淀粉吧。

准备材料：1%淀粉溶液、蒸馏水、碘-碘化钾溶液、温水、班氏试剂、玻璃滴管、玻璃板、试管、烧杯、酒精灯

实验1：首先在试管A和B中加入淀粉溶液，然后在A和B试管中分别取一滴淀粉溶液滴在玻璃板上，再各自滴上一滴碘-碘化钾溶液。

碘—碘化钾溶液：一般称为碘溶液的淀粉检测试

然后在嘴里含一口水，过一会儿再把水吐在烧杯中获得唾液稀释液，

实验2：在试管A中加入蒸馏水，试管B中加入唾液稀释液后，将试管放在温水中静置10分钟。

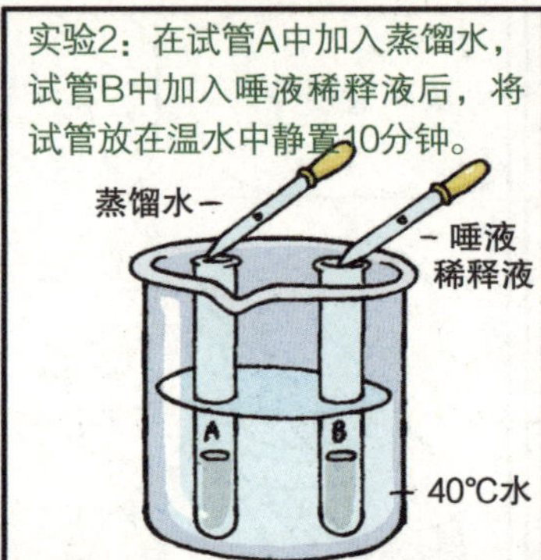


实验3：然后从A和B试管中各取出一滴溶液滴在玻璃板上，再各自滴上一滴碘-碘化钾溶液。

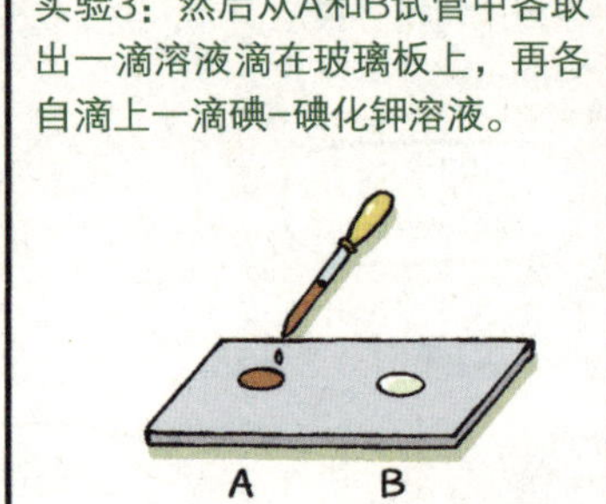


班氏试剂：一种能够检测葡萄糖是否存在的蓝色试剂。

实验4：最后在每一个试管中滴入2~3滴班氏试剂，将试管置于酒精灯上加热，实验结束。

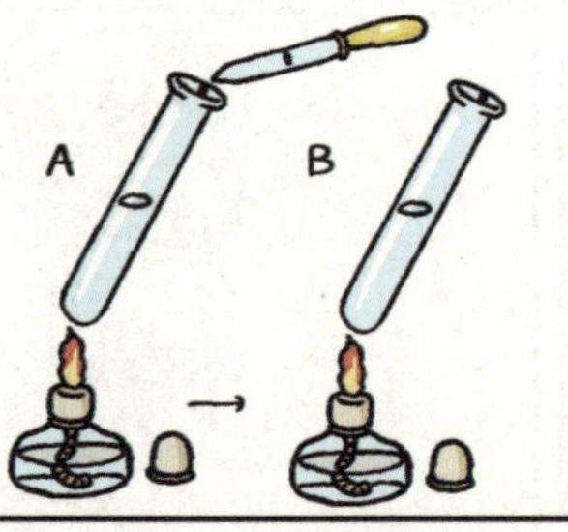


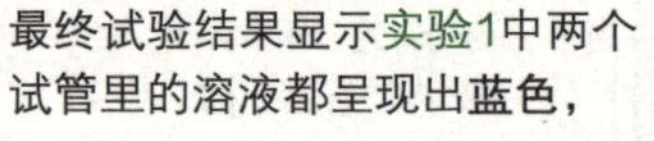
最终试验结果显示实验1中两个试管里的溶液都呈现出蓝色，

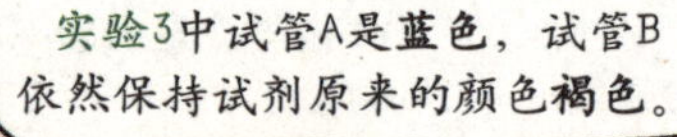

实验4中试管B变成了红黄色，试管A内的溶液颜色不变。

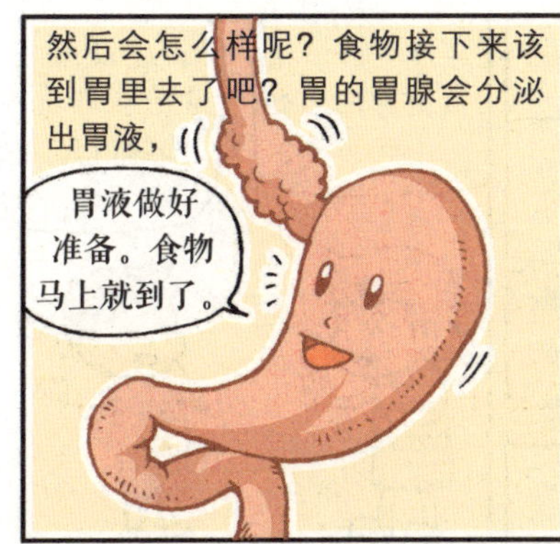
然后会怎么样呢？食物接下来该到胃里去了吧？胃的胃腺会分泌出胃液，
胃液做好准备。食物马上就到了。

胃液中含有一种名为“胃蛋白酶原”的酶、以及“盐酸”和“黏液”等。
人在生气或者感到苦恼的时候，胃液的分泌会受到抑制。

这里的胃蛋白酶原活性化后就变成了胃蛋白酶，它可以将蛋白质分解为颗粒更小的“蛋白胨”。

盐酸是一种强酸，它可以将胃蛋白酶原活性化为胃蛋白酶，
我来帮你了。
盐酸
胃蛋白酶原
食物

而且还可以在消化的过程中防止食物腐败，
因为有你这个家伙在，我都不能腐烂了。
盐酸

并且还具有杀菌作用。
全都给我消失，你们这些有害的细菌。
盐酸
唰啊

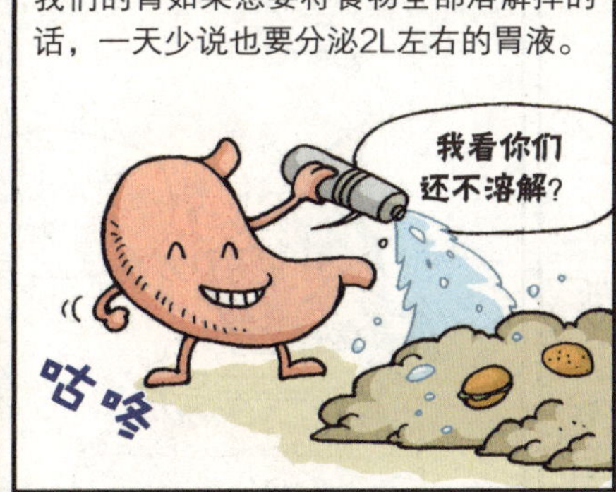
我们的胃如果想要将食物全部溶解掉的话，一天少说也要分泌2L左右的胃液。
我看你们还不溶解？
咕咚

咦！可是我们的胃也是由蛋白质构成的肌肉啊，为什么胃没有被胃液消化掉呢？
那是因为……

胃分泌的黏液能够保护胃本身不受盐酸和胃蛋白酶的影响。

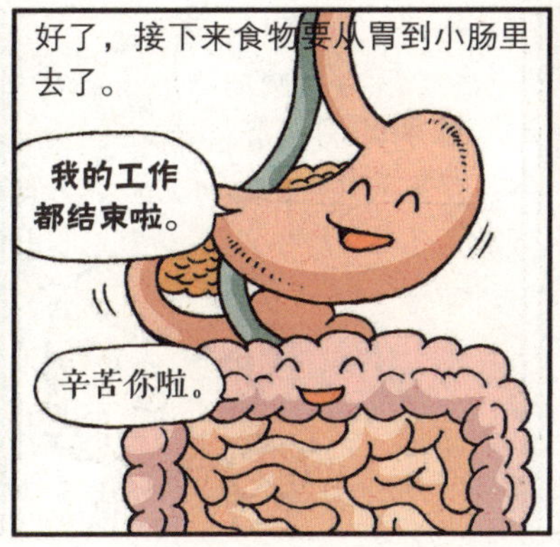
好了，接下来食物要从胃到小肠里去了。
我的工作都结束啦。
辛苦你啦。

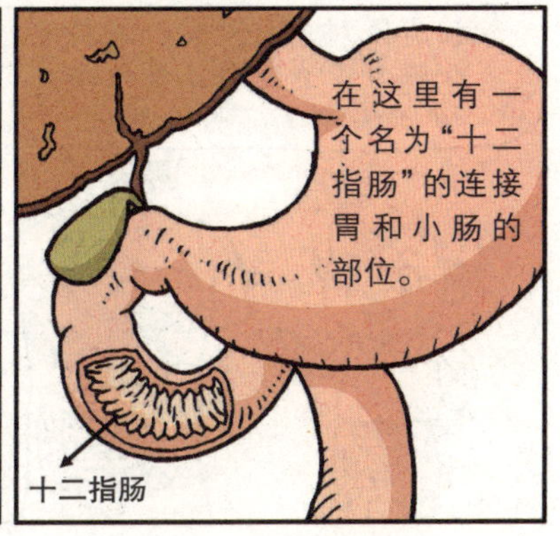
在这里有一个名为“十二指肠”的连接胃和小肠的部位。
十二指肠

胰腺分泌的"胰液"和通过肝脏分泌储存在胆囊中的"胆汁"都会进入十二指肠。

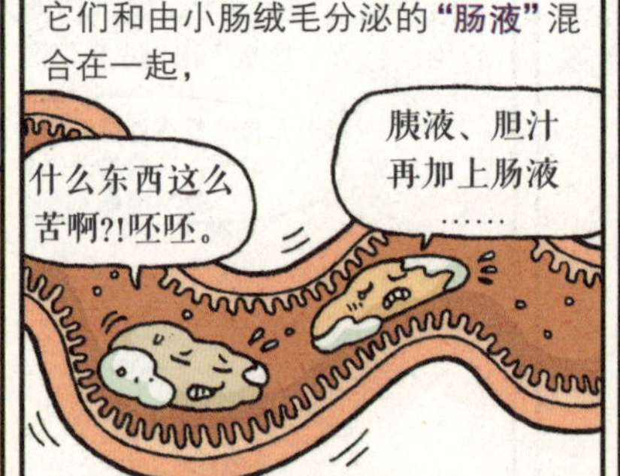
它们和由小肠绒毛分泌的"肠液"混合在一起，
什么东西这么苦啊?!呸呸。
胰液、胆汁再加上肠液……

一共三种消化液全都汇集到了小肠当中。
我还以为食物在前面已经消化完了呢。

这里的胆汁虽说是一种消化液，但是它里面并不含消化酶。

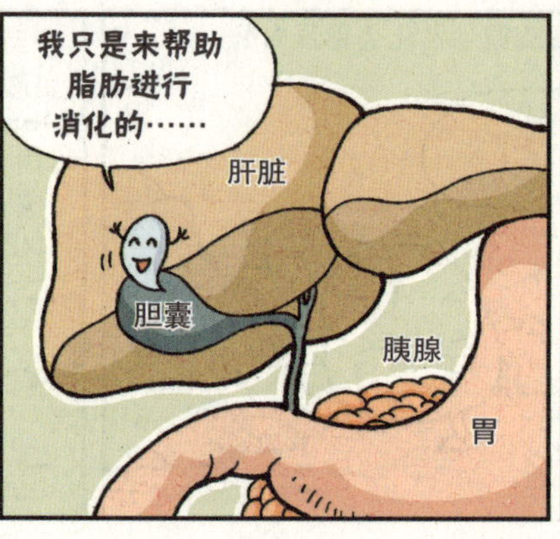
我只是来帮助脂肪进行消化的……
肝脏
胆囊
胰腺
胃

因为脂肪不易溶于水。
你以为我会轻易溶解掉吗？
脂肪

所以整块的脂肪很难与消化液融合，自然就难以被消化掉！
吃得太油了，消化不良啊！

这时如果有了胆汁的帮助，脂肪就可以轻松地溶解在消化液中了。
胰腺
快给我混合起来！

那你的意思是肠液和胰液中含有消化酶咯？
当然啦！

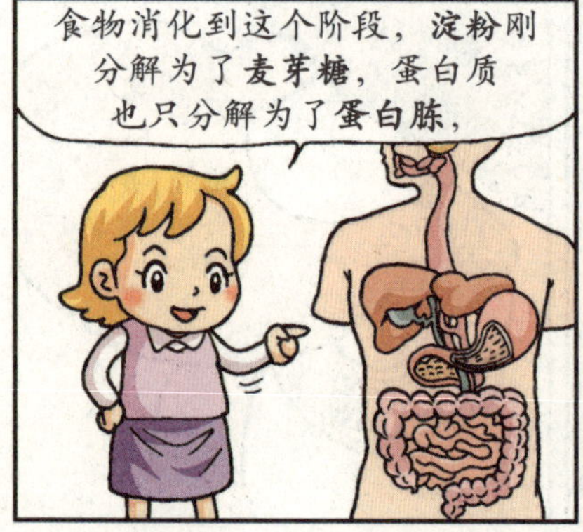
食物消化到这个阶段，淀粉刚分解为了麦芽糖，蛋白质也只分解为了蛋白胨，

消化得还都不够彻底，而且脂肪根本就还没有进行消化。

哎呀，还真是的呢。
所以接下来的消化任务就应该在小肠中全部完成。

因此我们就不难推断出
胰液和肠液中含有多种
消化酶咯。

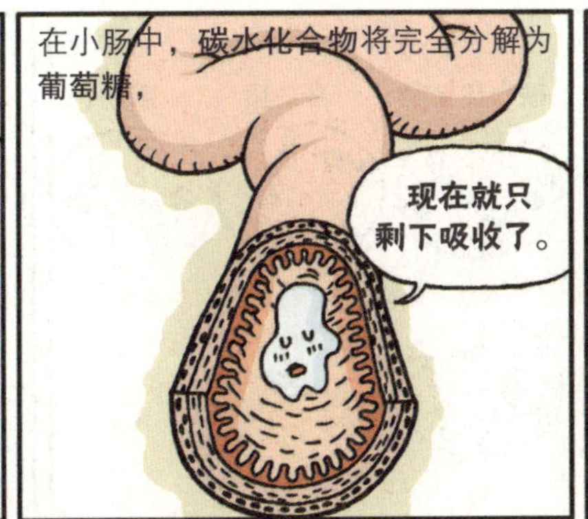
在小肠中，碳水化合物将完全分解为
葡萄糖，
现在就只
剩下吸收了。

蛋白质分解为氨基酸，
脂肪分解为脂肪酸和
甘油，最终被身体吸收。
嗯嗯
……

进一步分析可以得出胰液中
含有“胰淀粉酶”、“胰蛋白酶”、
“胰脂肪酶”等消化酶，

肠液中则含有
“麦芽糖酶”、
“肠肽酶”等
消化酶。
我肚子里竟然
含有这么多
种类的消化酶
……

其中胰液含有的胰
淀粉酶和唾液中的
唾液淀粉酶是一样的，

胰蛋白酶和胃
里的胃蛋白酶
是一样的。
嗯嗯
……

而胰脂肪酶就是能够将脂肪分解为
脂肪酸和甘油的酶。
最终还是被胰脂肪酶
给溶解掉了……
脂肪
哗啦啦

啊！也就是说能够消
化碳水化合物、蛋白
质和脂肪的消化酶，
胰液全都含有咯？

是的。然后肠液中的
麦芽糖酶可以将麦芽糖
最终分解为葡萄糖。

肠肽酶是能够将蛋白胨最终分解
为氨基酸的消化酶。
我可是与
所有生命现象
有关的蛋白质
的基本组成
单位。
氨基酸

下面我们用一张图来
总结一下前面学到的
整个消化过程吧。
你在看
哪里？

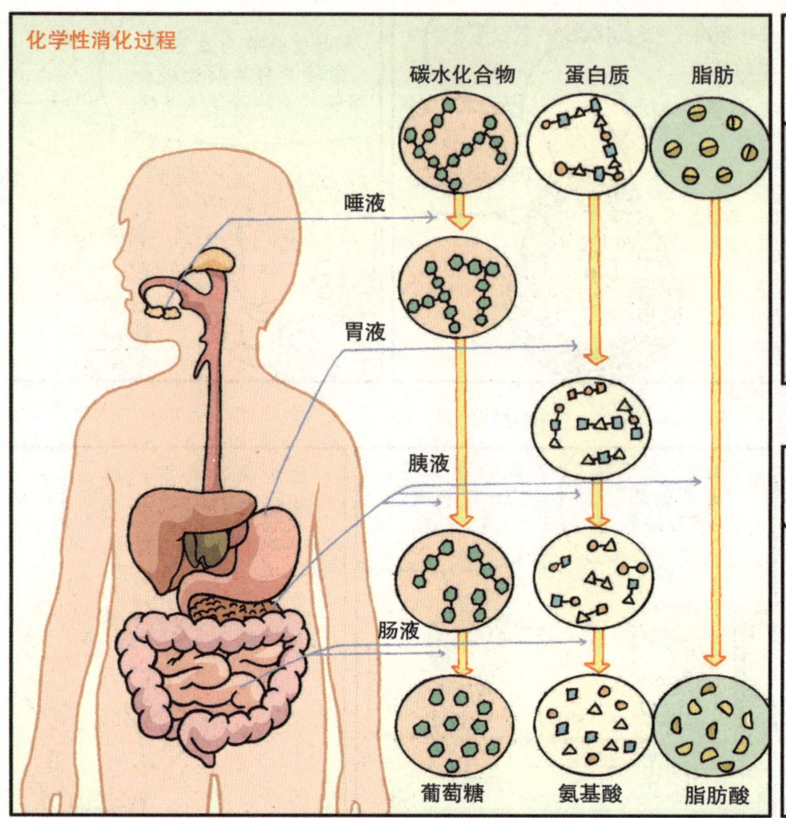

如图所示，把两个分别装有淀粉溶液和葡萄糖溶液的玻璃纸袋放在装水的烧杯中浸泡10分钟之后进行以下实验。

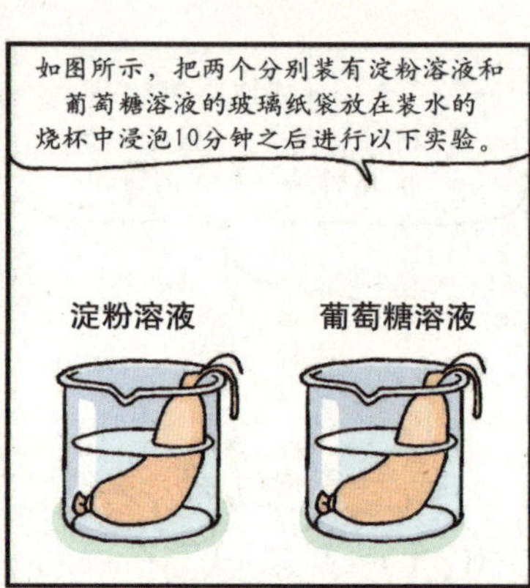


实验1：从两个烧杯中各取出5ml的溶液，烧杯（甲）中的溶液滴在试管A中，烧杯（乙）的溶液滴在试管B中。



实验2：在试管A和B中分别滴入碘-碘化钾溶液，观察试管内液体颜色的变化。

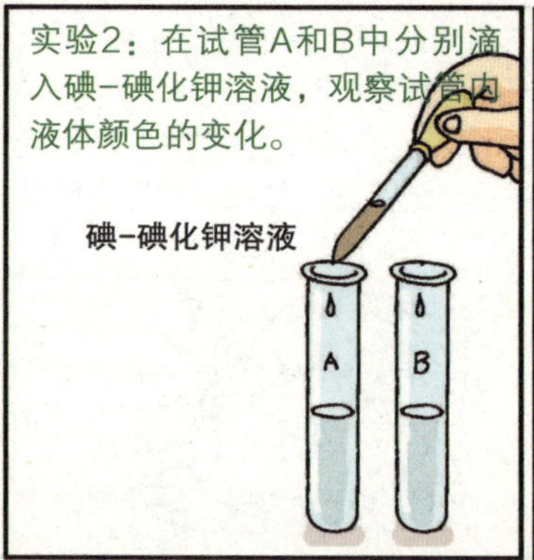


实验3：最后再在试管A和B中分别滴入班氏试剂，对试管进行加热即可。

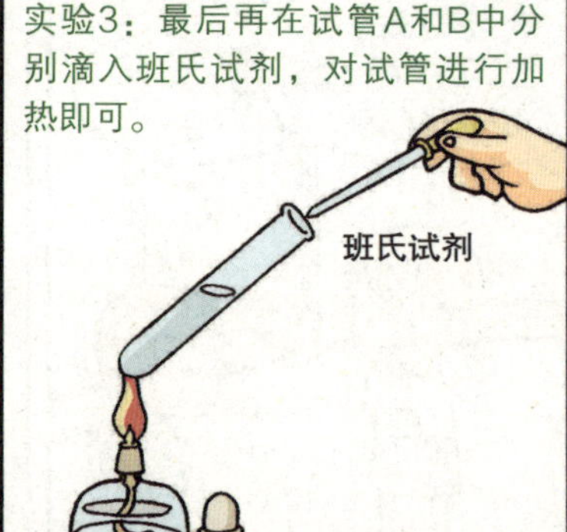


由于淀粉无法透过玻璃纸袋，所以，（甲）烧杯中的水中不含有淀粉，

因此我们可以看到试管A中液体的颜色没有产生变化。

但是通过实验结果可以证明，
(乙)烧杯的水中含有
葡萄糖的成分。

因为葡萄糖的颗粒较小，所以能够透过玻璃纸袋。
我们逃出来了。
葡萄糖

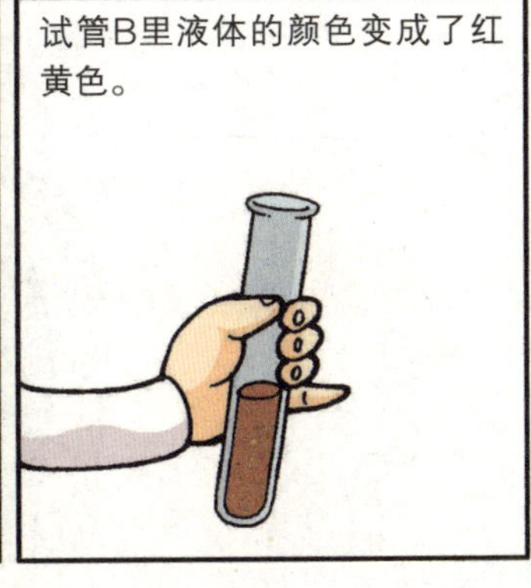
试管B里液体的颜色变成了红黄色。

如果把实验中用到的玻璃纸袋想象成小肠的话，就说明淀粉是无法被吸收的……
啊哈！

但是葡萄糖能够被人体吸收，是吗？
没错。

像这样被消化过后的营养素和微量营养素通过小肠的绒毛进行吸收，被送往心脏，

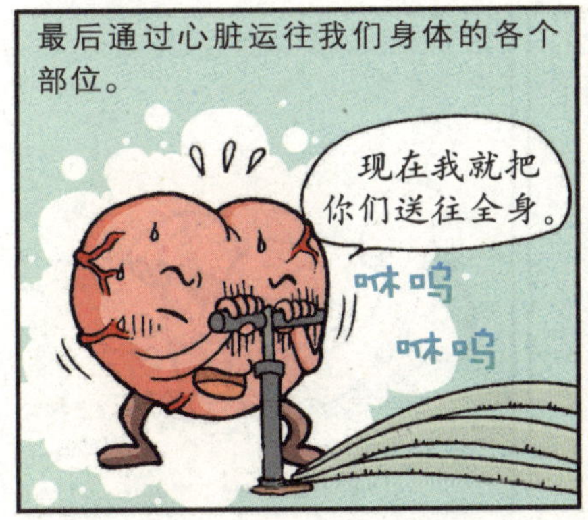
最后通过心脏运往我们身体的各个部位。
现在我就把你们送往全身。
咻呜
咻呜

但是根据营养素有水溶性还是脂溶性的，营养素被吸收的部位也不尽相同。

好了，让我们来看一看下面这三幅图吧？

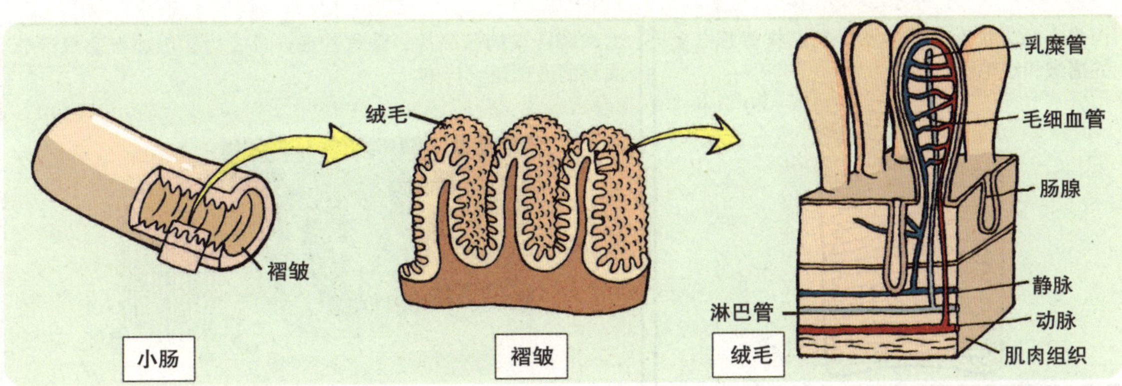
褶皱
小肠
绒毛
褶皱
乳糜管
毛细血管
肠腺
静脉
淋巴管
动脉
肌肉组织
绒毛

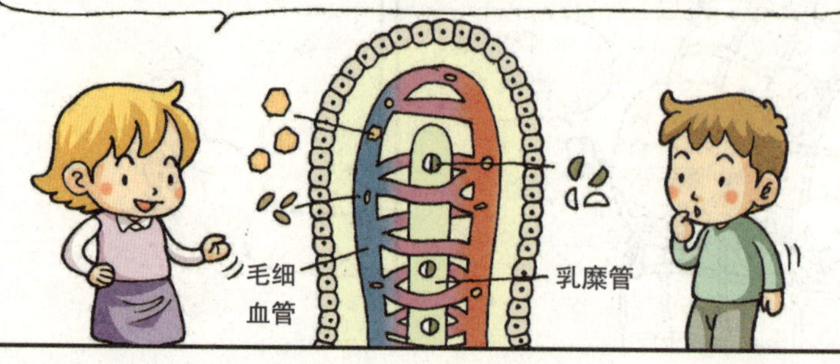

通过毛细血管吸收的水溶性营养素会先进入肝脏，

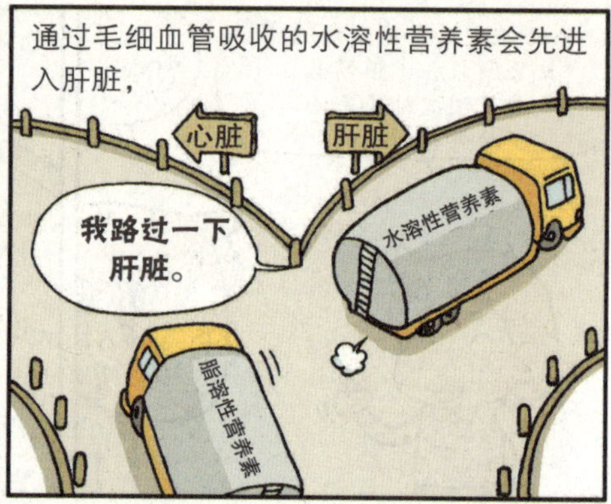


而通过乳糜管吸收的脂溶性营养素不会经过肝脏，而是直接被运送至心脏。

另外在水溶性营养素中，葡萄糖的一部分在肝脏中会以肝糖原的碳水化合物形式被储存起来。

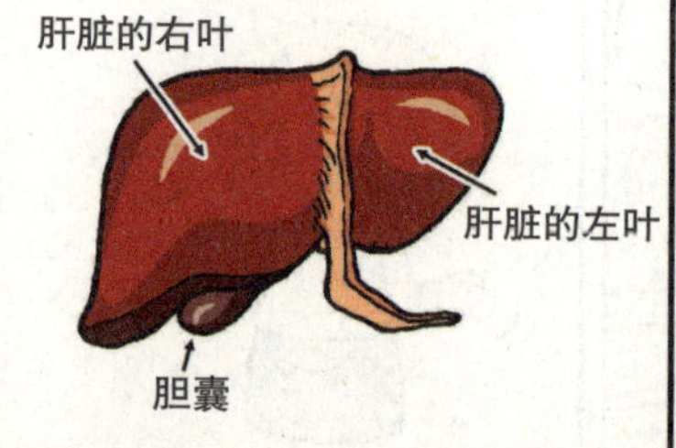


肝糖原也是蘑菇所含有的碳水化合物形态。

这和摩托车的散热片、暖气片在设计上为了增加与空气接触面积的道理是一样的。

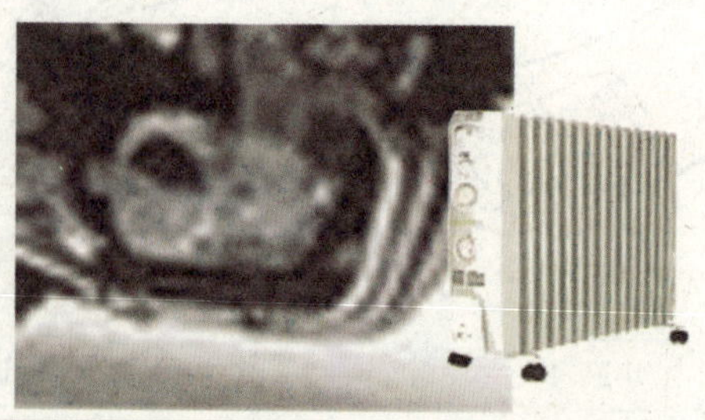

小肠也正是通过绒毛和褶皱增加了与营养素的接触面积，大大提高了吸收的效率。

好了！现在我们身体需要的营养素都已经吸收完了，

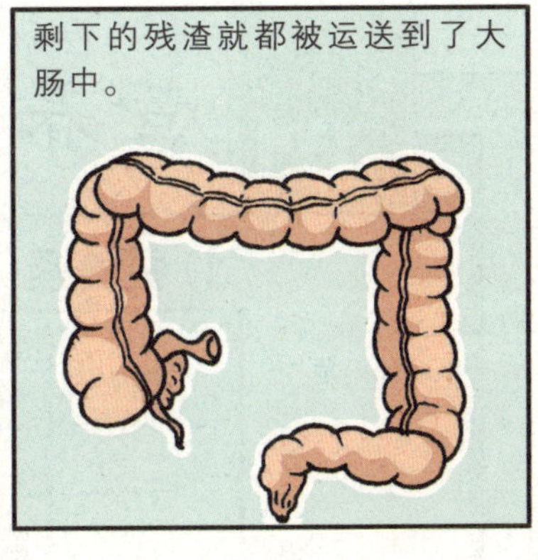
剩下的残渣就都被运送到了大肠中。

这里可以看作是食物残渣在被排出人体之前短暂停留的地方。
啊，好舒服。

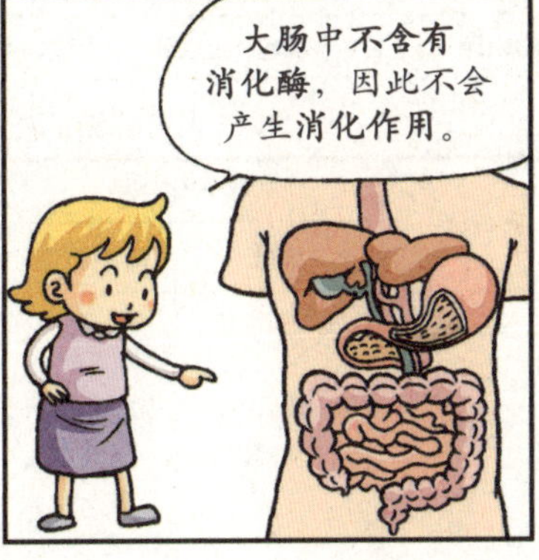
大肠中不含有消化酶，因此不会产生消化作用。

它能够将食物残渣中所含的水分吸收掉，然后将残渣排出体外。
真是一点水分都不留啊。
咻~

但是如果在大肠中发现尚未被完全消化、吸收的蛋白质，
竟然漏掉了一些蛋白质。

生活在大肠中的细菌就会让这些残留的蛋白质发酵腐败，
你以为细菌就只会干坏事吗？

在这个过程中产生的各种物质就是大便会散发出独特味道的主要原因。
啊！不知道为什么我好像能闻到味道了。

大便的成分中3/4是水，
当然，腹泻时，大便中水分的含量会高一些。

剩下的是由一些纤维质和死去的细菌组成的残渣。
呃，这竟然是一堆死细菌。

说到大便，我突然觉得肚子有些不舒服。
反正都是在你肚子里的东西，好好待它吧。

# 01 营养素和消化

· 营养素
· 消化和吸收

## 1) 营养素

**三大营养素（可以作为能量来源使用）**

| | 碳水化合物 | 蛋白质 | 脂肪 |
|---|---|---|---|
| 构成元素 | 碳、氢、氧 | 碳、氢、氧、氮 | 碳、氢、氧 |
| 功能 | 主要能量来源，少量作为身体的构成成分 | 能量来源，主要的身体构成成分（细胞的原生质、酶、荷尔蒙等） | 能量来源，身体构成成分（皮下脂肪等） |
| 热量 | 4kcal/g | 4kcal/g | 9kcal/g |
| 食物来源 | 谷物、面包、土豆等 | 大豆、牛奶、鸡蛋等 | 黄油、食用油、花生等 |

三大营养素的检测方法

| 营养素 | 碳水化合物 | | 蛋白质 | 脂肪 |
|---|---|---|---|---|
| | 淀粉 | 葡萄糖(糖分) | | |
| 试剂 | 碘-碘化钾溶液（淡褐色） | 班氏试剂（蓝色） | 双缩脲试剂（5%氢氧化钠溶液+1%硫酸铜溶液） | 苏丹Ⅲ溶液（红色） |
| 反应颜色 | 蓝色 | 红黄色 | 紫色 | 橘红色 |
| 备注 | 碘反应 | 班氏反应（实验过程中必须进行加热，试剂颜色才会产生变化） | 双缩脲反应 | 需将固体状态的脂肪溶解在苯中才能够检测得出脂肪 |

**三种微量营养素（不能作为能量来源使用）**

| | 水 | 矿物质 | 维生素 |
|---|---|---|---|
| 功能 | 运输营养物质、代谢废物以及二氧化碳。调节体温和生理机能。 | 构成骨骼和牙齿的成分。调节生理机能。 | 含量极低，用于调节身体的代谢和生理机能。 |
| 特征 | 在身体的构成成分中占据了最大的比例。 | 种类——钙、磷、钾、铁、钠等。 | 不属于人体的构成成分，缺乏维生素会导致相应的缺素症。 |

| 维生素 | 缺素症 | 维生素 | 缺素症 |
|---|---|---|---|
| A | 夜盲症 | D | 佝偻病 |
| C | 败血症 | B1 | 脚气 |
| E | 不孕症 | B2 | 皮肤病 |

## 2) 消化和吸收

<table>
<tr><td rowspan="3">消化</td><td colspan="3">将食物中的营养素变成细胞能够吸收的大小的过程。</td></tr>
<tr><td colspan="2">机械性消化</td><td>化学性消化</td></tr>
<tr><td colspan="2">将食物弄小变碎并与消化液进行混合的过程。<br>咀嚼运动，混合运动，蠕动运动</td><td>营养素在消化酶的作用下进行分解的过程。<br>消化酶只在满足一定的酸碱度和温度（体温）的条件下才能发挥作用。</td></tr>
<tr><td rowspan="6">消化过程</td><td>口腔</td><td colspan="2">唾液中含有的唾液淀粉酶能够使淀粉变成麦芽糖。</td></tr>
<tr><td>胃</td><td colspan="2">胃液中含有盐酸和胃蛋白酶，能够将蛋白质分解为蛋白胨。<br>胃酸——防止食物腐败，杀菌作用，使胃蛋白酶活性化。</td></tr>
<tr><td rowspan="3">小肠</td><td>胆汁</td><td>不含有消化酶，由肝脏产生，通过十二指肠分泌，能够促进脂肪的消化。</td></tr>
<tr><td>胰液</td><td>胰淀粉酶：淀粉→麦芽糖<br>胰蛋白酶：蛋白质→蛋白胨<br>胰脂肪酶：脂肪→脂肪酸和甘油</td></tr>
<tr><td>肠液</td><td>麦芽糖酶：麦芽糖→葡萄糖<br>肠肽酶：蛋白胨→氨基酸</td></tr>
<tr><td colspan="3">碳水化合物 蛋白质 脂肪<br>唾液<br>胃液<br>胰液<br>肠液<br>葡萄糖 氨基酸 脂肪酸</td></tr>
<tr><td rowspan="2">营养素的吸收</td><td>小肠</td><td colspan="2">水溶性营养素：绒毛的毛细血管→肝门静脉→肝脏→心脏→全身<br>脂溶性营养素：绒毛的乳糜管→淋巴管→胸管→心脏→全身</td></tr>
<tr><td colspan="3">大肠：不会分泌消化酶，不产生消化作用。<br>吸收食物残渣中的水分，吸收后排出残渣。</td></tr>
</table>

# 2. 循环器官

2号线路线图（循环）
可回收垃圾

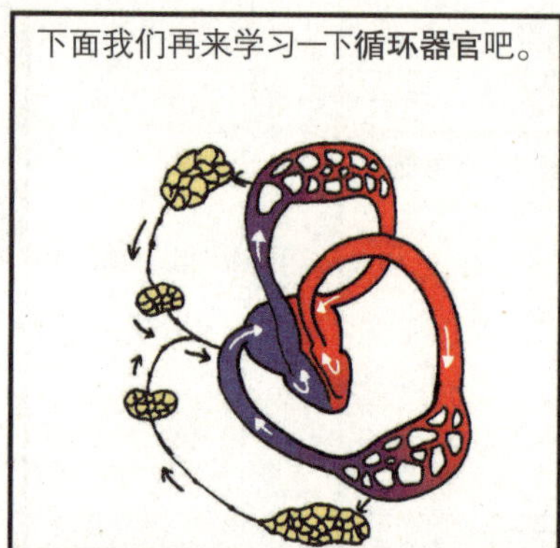
下面我们再来学习一下循环器官吧。

循环器官能够将身体消化和吸收后的营养素运送至身体的各个部位进行使用或储存起来，

并将在这个过程中产生的废物排出体外。

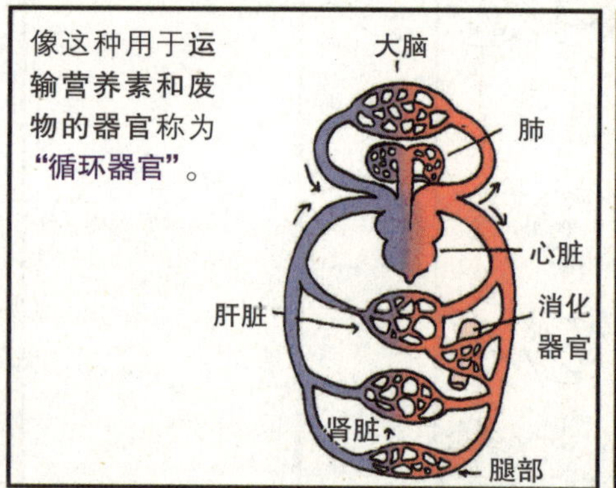
像这种用于运输营养素和废物的器官称为“循环器官”。
大脑
肺
心脏
肝脏
消化器官
肾脏
腿部

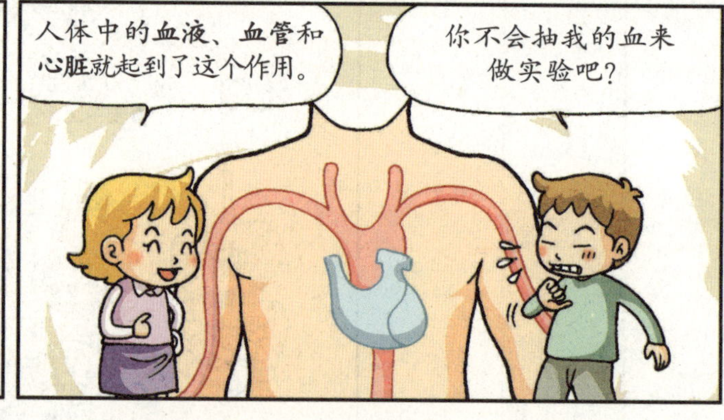
人体中的血液、血管和心脏就起到了这个作用。
你不会抽我的血来做实验吧？

## 1）血液

在电视上我们经常会看到这样的报道。
“急需RH-A型血！”

因为在发生事故或者需要进行手术的时候，
流了好多血啊。

如果没有合适的血液供给是非常危险的事情。
虽然科学已经发展到了一定程度，但是人们还没有找到能够代替血液的物质。

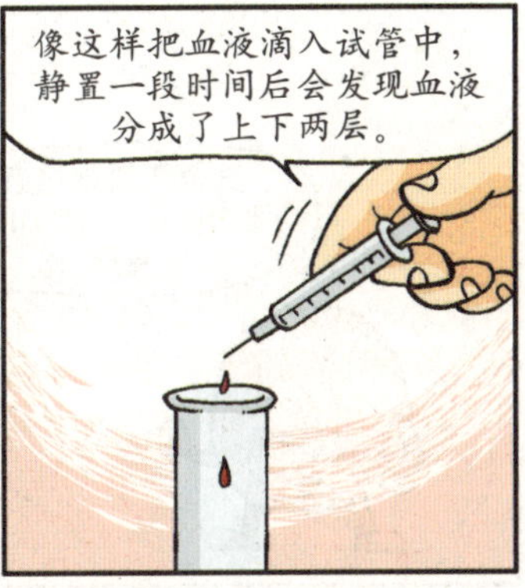


看到了吗？图中位于下层的是含量为45%的深红色固体物质，位于上层的是含量为55%的黄色透明液体。

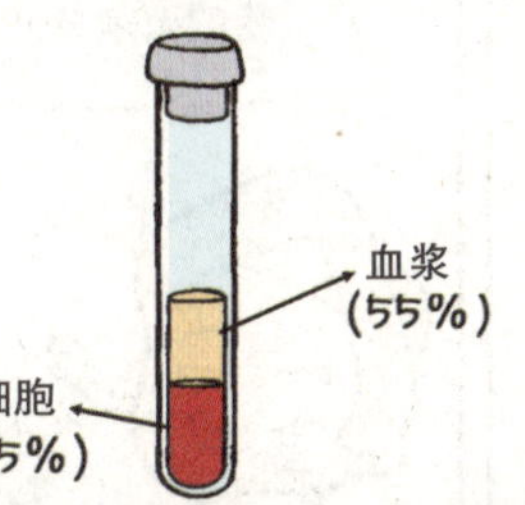


上层的液体称为**血浆**，下层的固体物质称为**血细胞**。

由于**血浆**大部分由**水**构成，因此它能够起到**维持体温**的作用。

咻呜呜

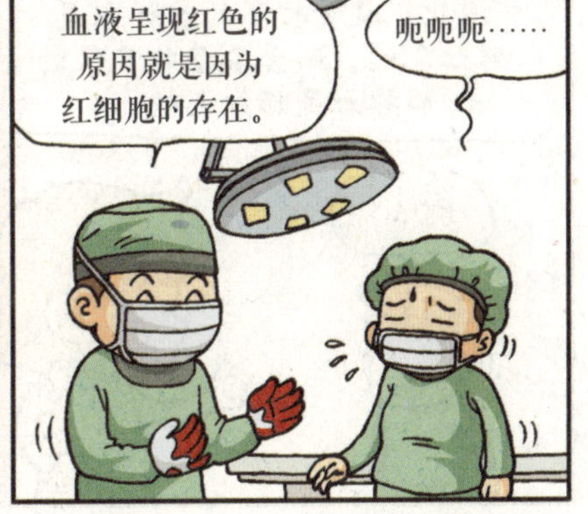

这个红细胞没有细胞核，呈凹陷的椭圆形，
红细胞

红细胞呈现红色的原因是里面含有一种名为血红蛋白的色素。
那外星人的血为什么是蓝色的呢？
这个……

上课时间不要提些奇怪的问题。
我看你是不知道吧。

前面讲到过血红蛋白的主要成分是铁。这个血红蛋白有一种非常奇特的特质。

在氧气较多的地方会与氧气结合，
好开心！
血红蛋白
O2

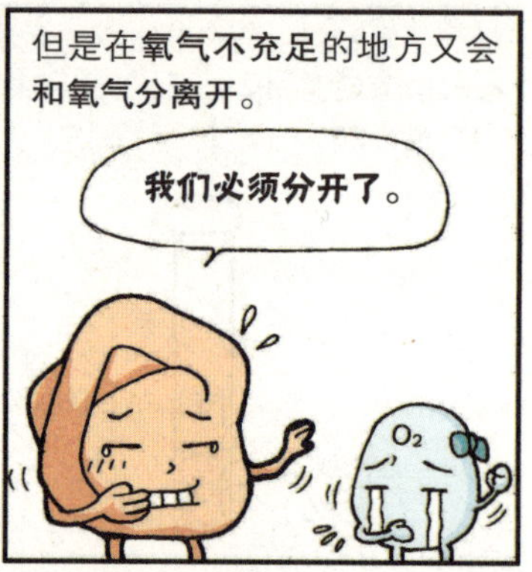
但是在氧气不充足的地方又会和氧气分离开。
我们必须分开了。
O2

因此它可以到氧气充足的肺中载着氧气，把氧气送到有需要的组织细胞中。

血红蛋白与氧气结合之后会变成鲜红色，
好美味的样子。

和氧气分离之后，颜色会加深。
呃，这血一点都不新鲜嘛。

因此含氧量较高的动脉血是鲜红色的，而含氧量非常低的静脉血是暗红色的。
啊哈！

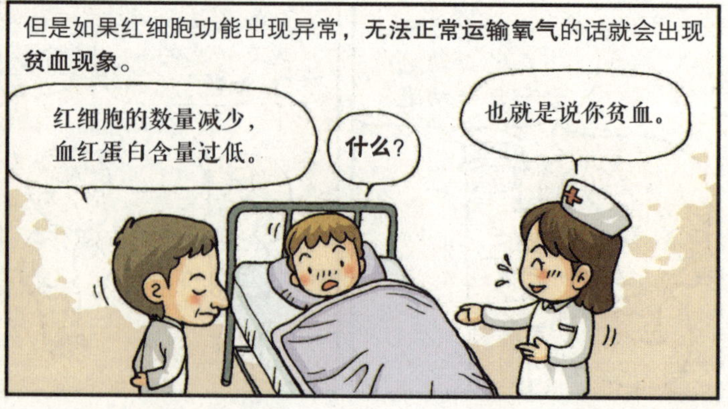
但是如果红细胞功能出现异常，无法正常运输氧气的话就会出现贫血现象。
红细胞的数量减少，血红蛋白含量过低。
什么？
也就是说你贫血。

出现贫血症状的时候，全身的所有细胞都无法得到充足的氧气供给。
摇晃
氧气不够
氧气不足
氧气
摇晃
给我氧气

因此，为了补充含量不足的氧气，肺和心脏要更加卖力地工作，
24小时劳动
都不够啊！
吼
吼

这就可能会对这些器官造成其他的影响。

而怀孕中的妇女必须服用铁剂的原因就是
铁剂

为了补充血红蛋白的主要成分。
Fe

另外，患有恶性贫血的人红细胞甚至不再是椭圆形的，而是变成了镰刀形。
光看都觉得病得很严重。

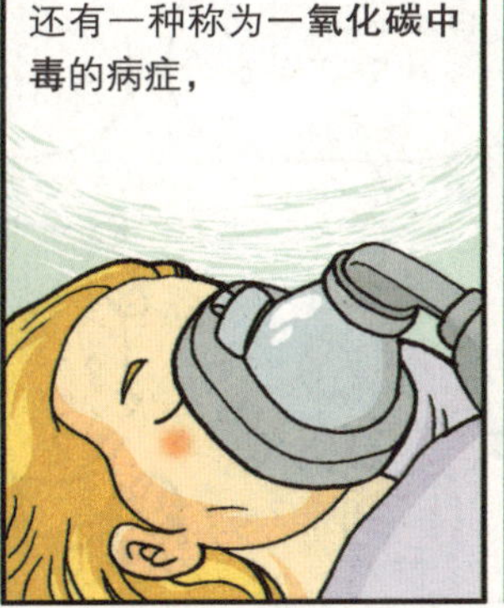
还有一种称为一氧化碳中毒的病症，

它出现的原因就是比起氧气，血红蛋白更容易与一氧化碳结合……
我更喜欢你！
CO
O2

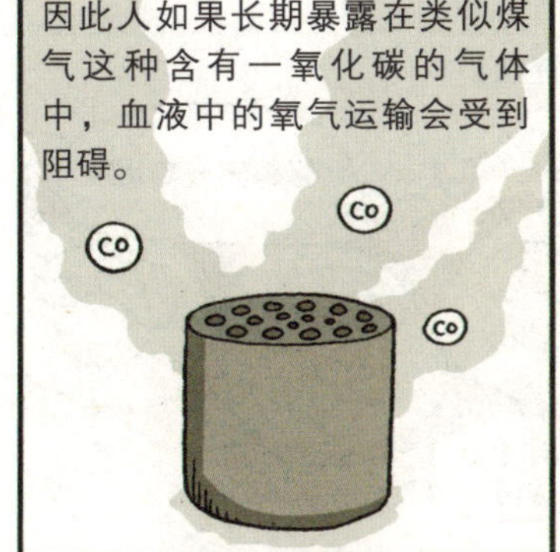
因此人如果长期暴露在类似煤气这种含有一氧化碳的气体中，血液中的氧气运输会受到阻碍。
CO
CO
CO

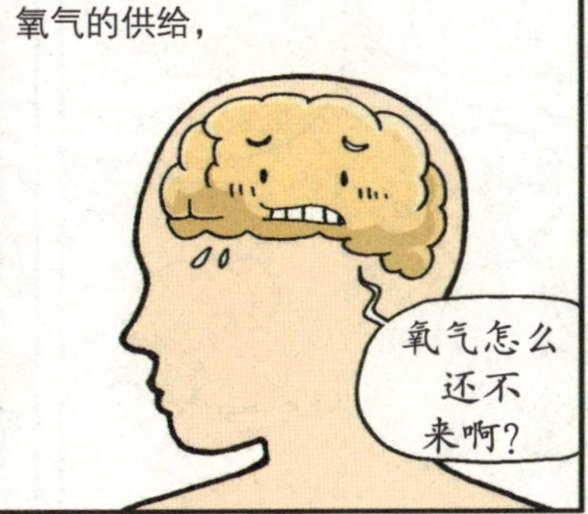
如果持续的时间过长，大脑得不到氧气的供给，
氧气怎么还不来啊？

会引起严重的脑性瘫痪，甚至还会导致死亡。

而且如此致命的一氧化碳，在人抽烟的时候也会出现哦。

白细胞是唯一拥有细胞核的血细胞，而且它也是**体积最大的血细胞**。

认真学习下面的内容，看看我究竟有多重要。

白血球

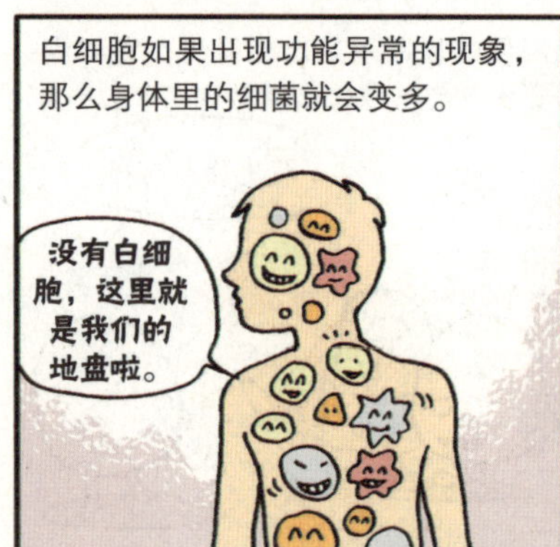

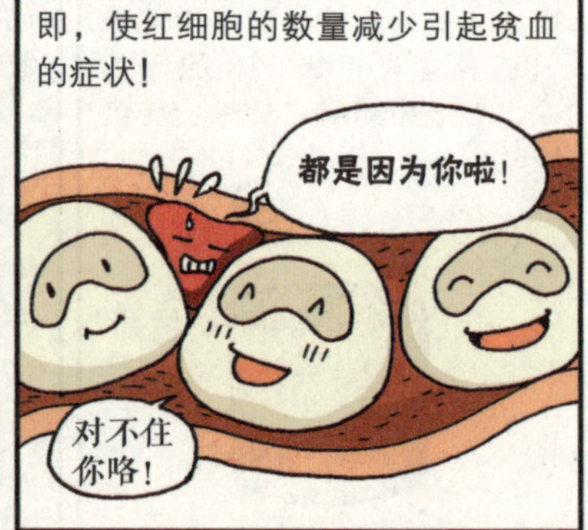

最后我们来讲一下血小板。
血小板也被称为细胞碎片。

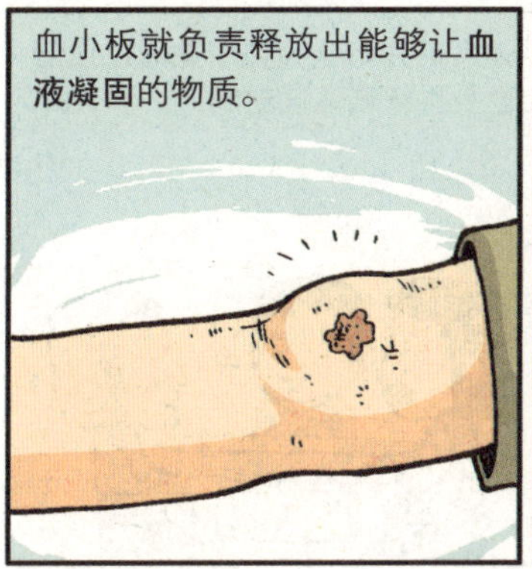

让我们参照下面这张表格来梳理一遍知识点吧。

| | 红细胞（个） | 白细胞（个） |
|---|---|---|
| 于镇 | 350万 | 6,000 |
| 智恩 | 450万 | 20,000 |
| 智善 | 500万 | 7,000 |
| 多美 | 750万 | 5,000 |

表格中白细胞数量最多的智恩处于被大量细菌入侵的状态。

多美的红细胞数量比其他人多得多，因此可以推断出她生活在高原地带。



于镇的红细胞数量偏低，因此可以推断他也许正处于贫血的状态中。

过去人们并不认为血液是通过血管在全身进行循环流动的，

他们认为血液被心脏送到身体各个部位，完成营养供给的任务之后就消失不见了。

直到1628年，英国的威廉·哈维发布了血液是在全身循环流动的理论，令世人震惊不已。

## 2) 心脏

让水管中的水持续流动的动力来自于水泵。

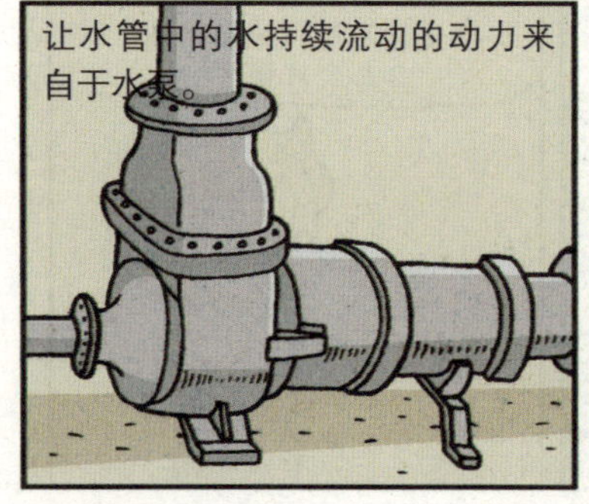

让电持续流动的是类似电池或者电源这样的装置。

在我们的身体里也有一个这样的泵，它是维持血液持续不断流动的原动力，这就是我们的心脏。

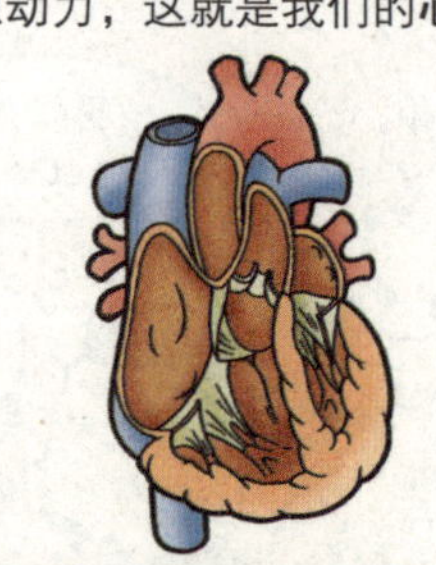

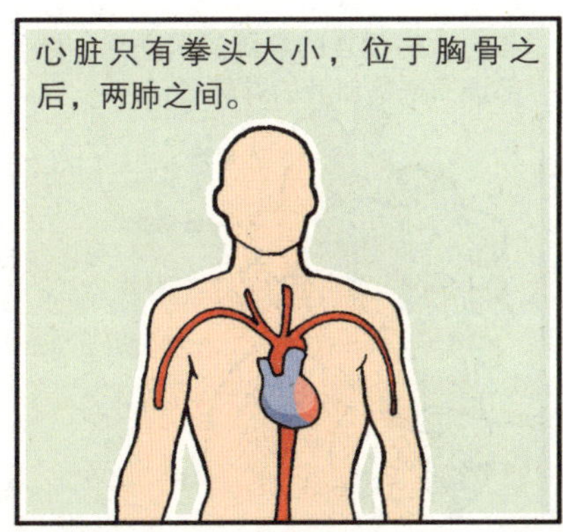
心脏只有拳头大小，位于胸骨之后，两肺之间。

我在人的一生当中，一刻都不停地工作着，帮助血液在身体上循环。

心脏分为接受血液的心房和输送血液的心室。

心房和心室被厚实的内壁分为两个心房和两个心室。

我们先通过简单的模拟图来看一下吧。
咔嚓

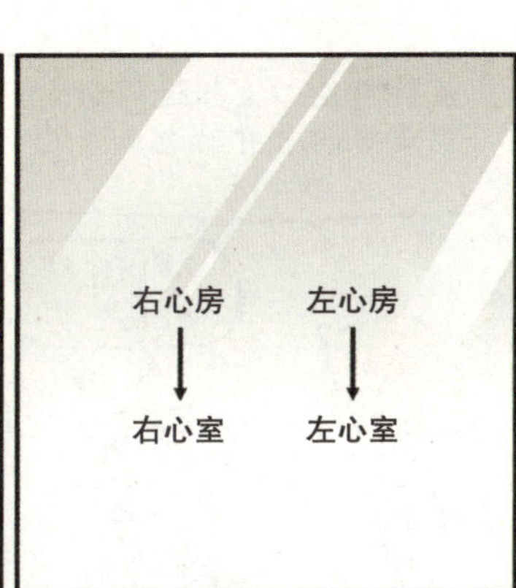
右心房
右心室
左心房
左心室

通过这幅图我们可以看出上面是心房，下面是心室。
这很简单嘛。
右心房
右心室

像这样流入右心房的血液会进入右心室，流入左心房的血液会进入左心室。

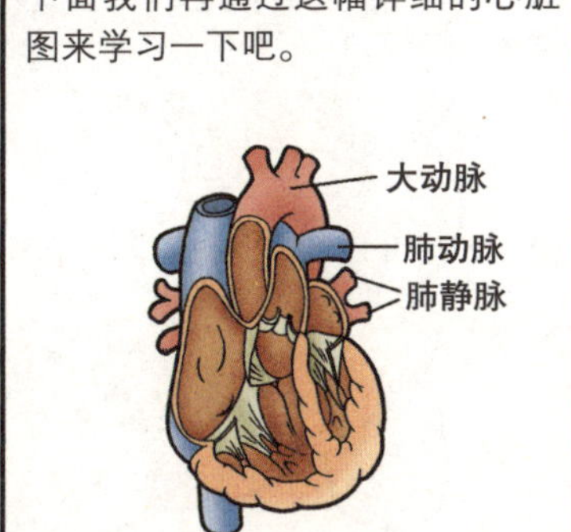
下面我们再通过这幅详细的心脏图来学习一下吧。
大动脉
肺动脉
肺静脉

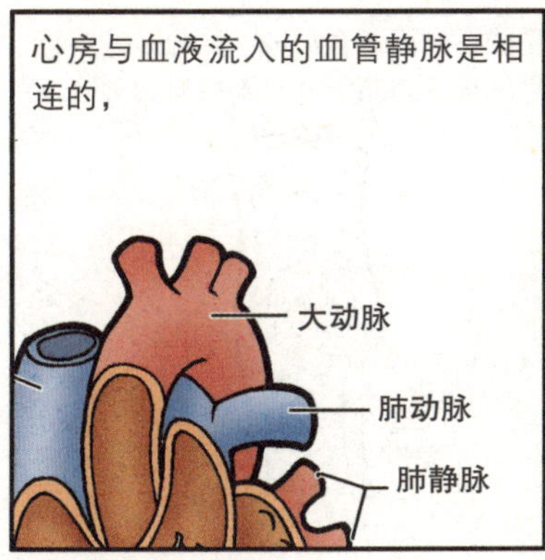
心房与血液流入的血管静脉是相连的，
大动脉
肺动脉
肺静脉

心室与血液流出的血管动脉是相连的。

另外，“右”是经由全身流回来的血液，“左”是经由肺部流回来的血液。

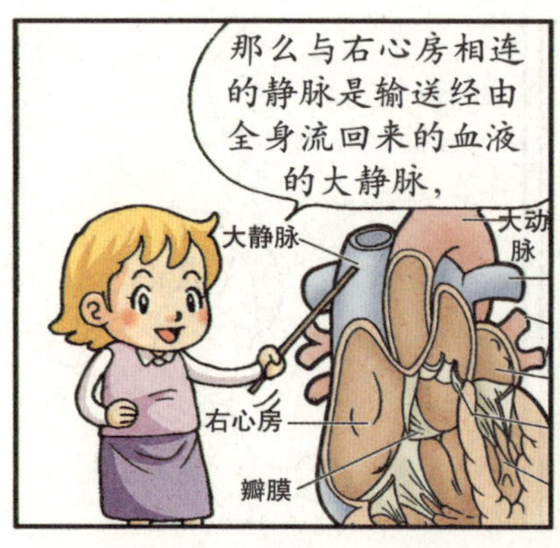


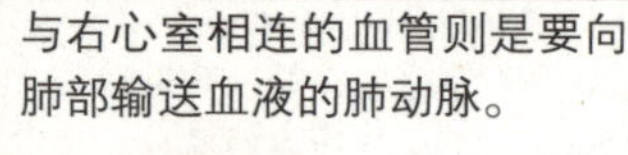


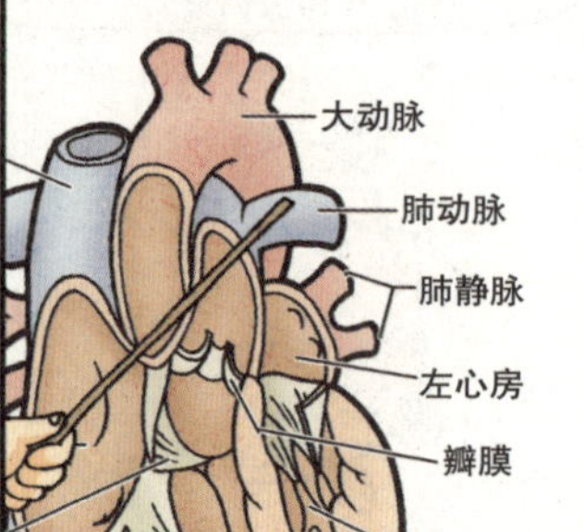


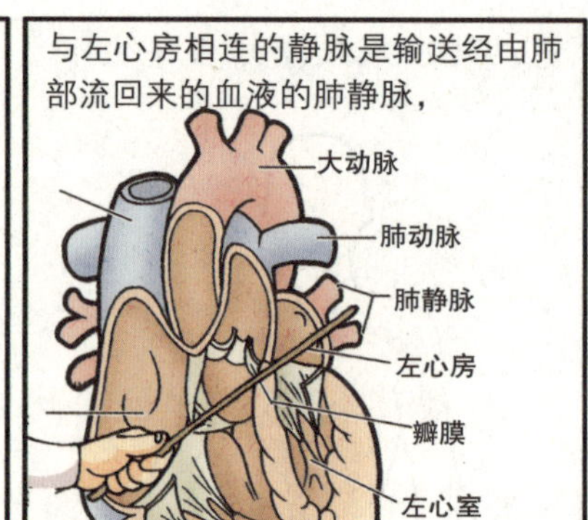

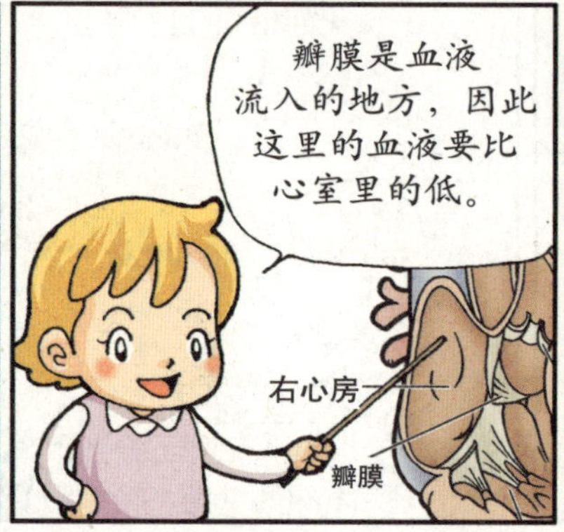

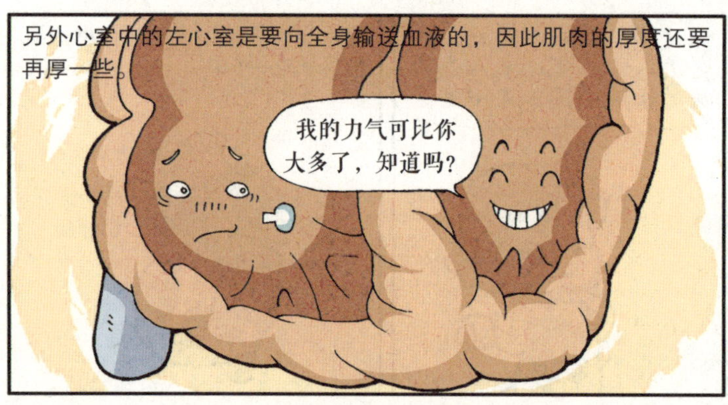

瓣膜由一层薄膜组成，当血液按照正
常的循环方向流动时不会受到影响，

循环方向

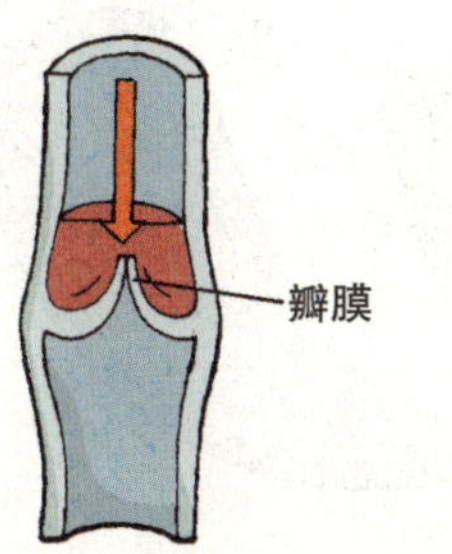
但是当血液想要逆向流动时，瓣膜就会起到阻止的作用。
瓣膜

瓣膜位于心房和心室之间，以及心室和动脉相连接的部位。

下面我们来看一下血液在心脏里是如何流动的吧。

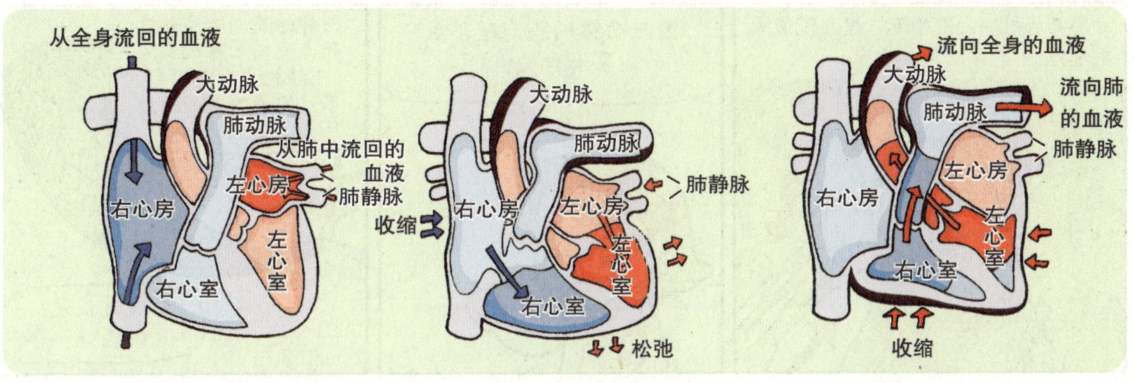
从全身流回的血液
大动脉
肺动脉
从肺中流回的血液
左心房
肺静脉
右心房
左心室
右心室
收缩
大动脉
肺动脉
肺静脉
右心房
左心房
左心室
右心室
松弛
流向全身的血液
大动脉
流向肺的血液
肺动脉
肺静脉
左心房
右心房
左心室
右心室
收缩

心脏像这样通过有规律地反复收缩和松弛，
呼-呜
呼-

向外输送或重新回收血液，这样的心脏活动就称为“搏动”。
是这样的吗？
空空

健康的成年人每分钟心脏搏动数约为70次左右，随年龄产生差异。
奔跑时搏动数可以达到每分钟150次左右。

## 3) 血管

如果说心脏是发动机，血液是汽车的话，心脏可以让汽车不停地行驶，

但是汽车要跑起来必然需要道路吧？这个道路就是人体中的血管。
吧啊啊啊

血管如下图所示可以分为三种。

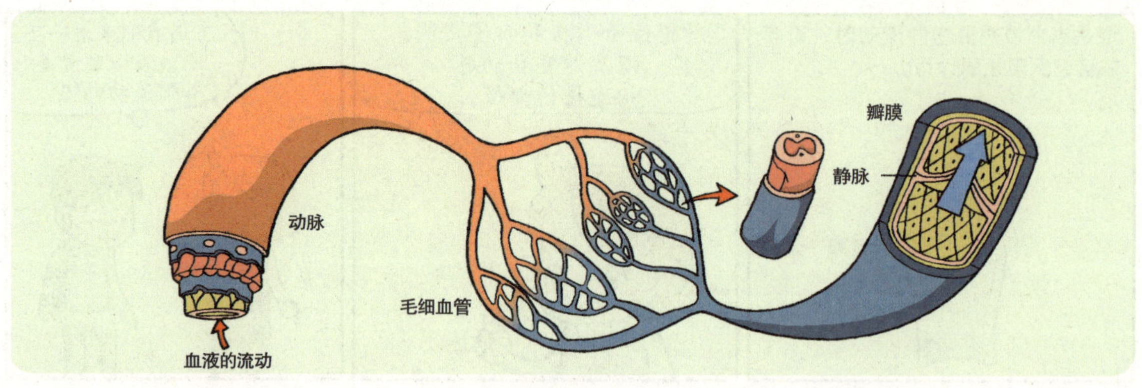


动脉与心脏的心室相连，是血压最大的地方。

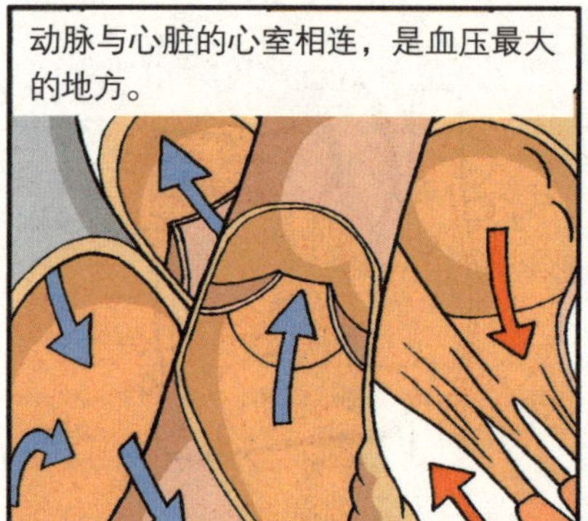

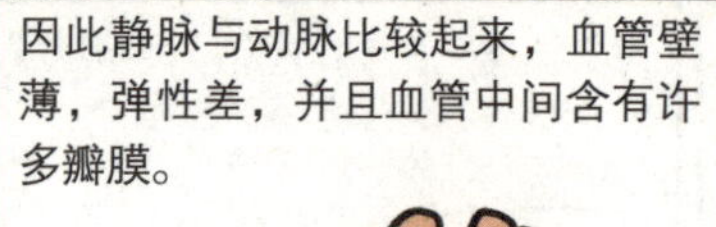
因此静脉与动脉比较起来，血管壁薄，弹性差，并且血管中间含有许多瓣膜。

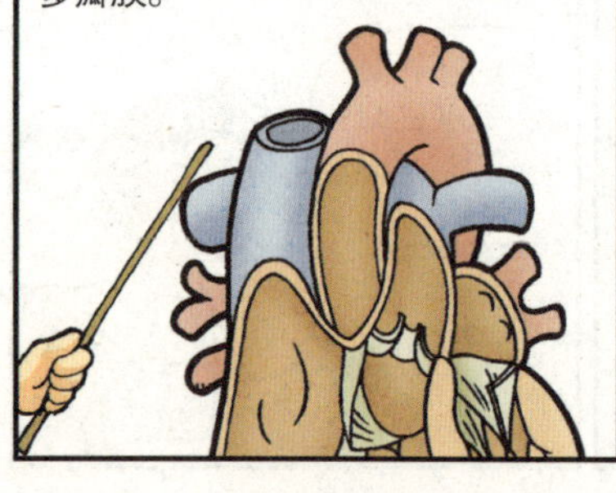

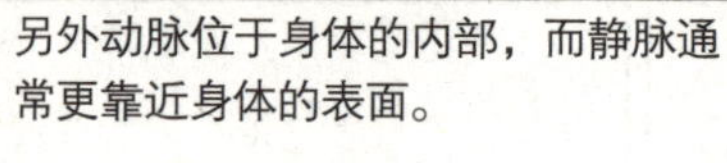
另外动脉位于身体的内部，而静脉通常更靠近身体的表面。

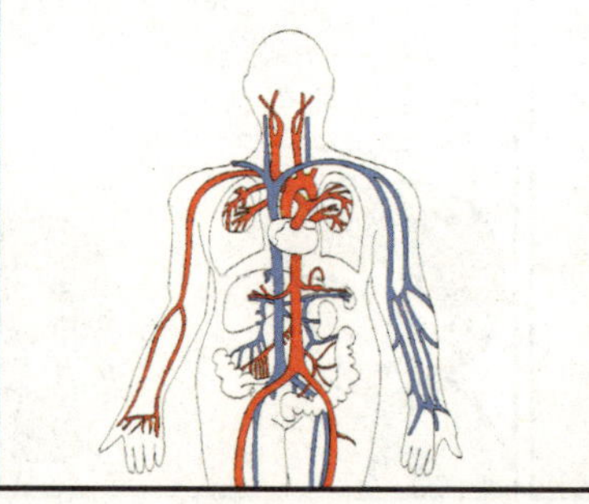

最后，毛细血管是连接动脉和静脉的血管，

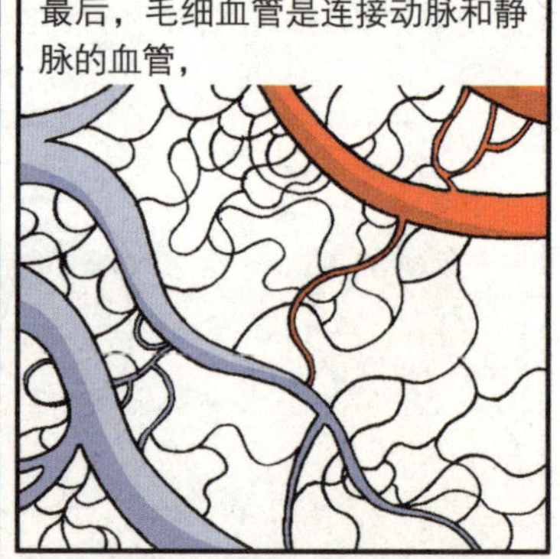

分布于我们身体的各个部位，为组织细胞提供氧气，回收二氧化碳，

而且毛细血管还是运送营养素、回收代谢废物的场所，因此它是由单层细胞组成的血管。

在这里要注意的是虽然血压是**动脉＞毛细血管＞静脉**，但是**血流速度却是动脉＞静脉＞毛细血管**。

是吗？

## 4）血液的循环

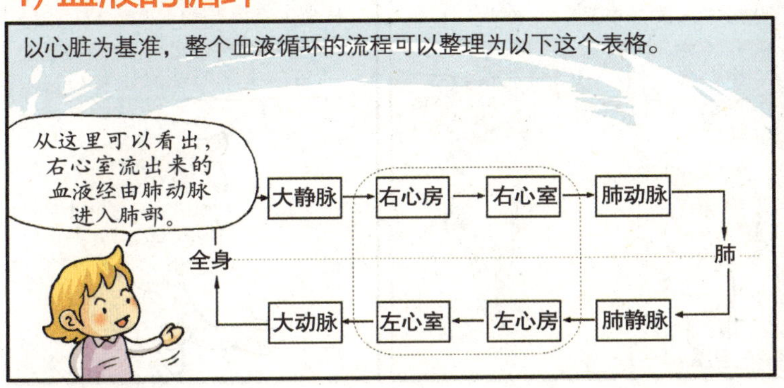

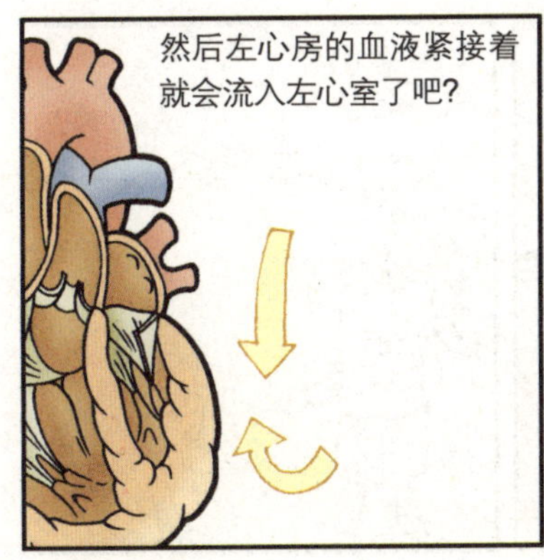

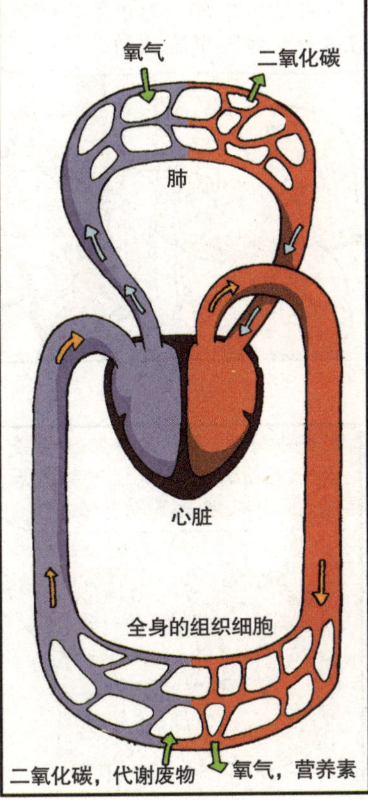

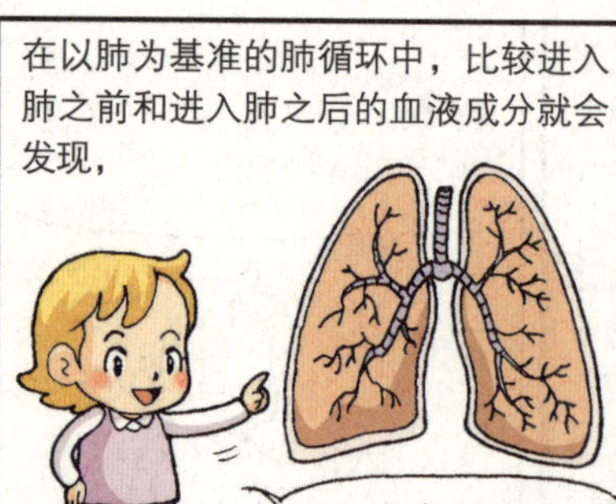

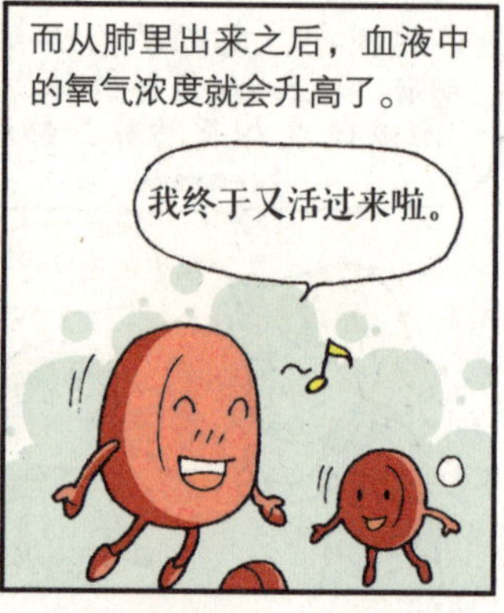

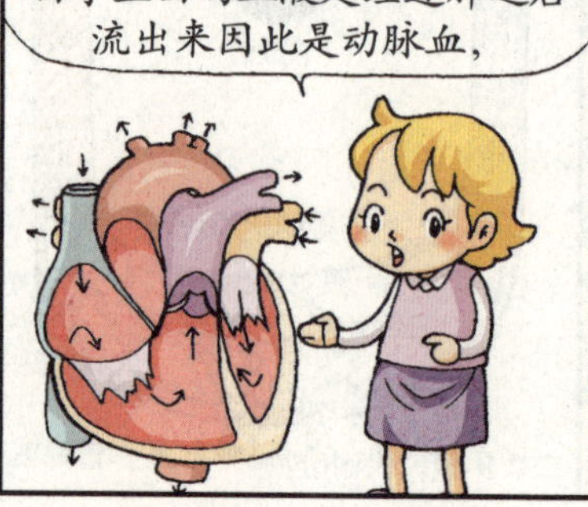


而肺动脉虽然名字是动脉，但是由于里面血液尚未流经肺部，因此是静脉血。

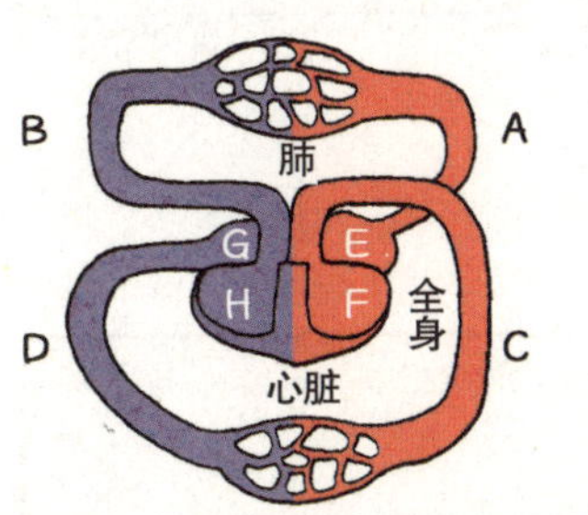
硕基，你能在这张图中找出哪几个字母标记的地方流动的是干净的动脉血吗？
B
A
肺
G
E
H
F
全身
D
C
心脏

我……
我吗？
你好好
想一想今天
学的内容。

左心房E和左心室F连接的A
和C里……流动的应该是
动脉血……吧？

嗯，
回答正确！
我……
真的说
对了吗？

然后要在这个图中找出体循环的
路径话，应该是左心室→大动脉→
全身→大静脉→右心房……
A
肺
G
E
H
F
全身
D
C
心脏

那就是F→C→
全身→D→G咯？
OK!

在考试的时候，有时
会只给出一张图提问
心脏的各个部分，因此
一定要认真记好哦。
我最讨厌
主观题了。

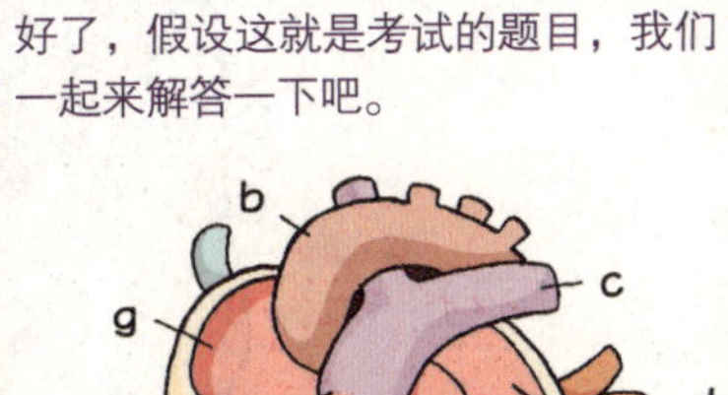
好了，假设这就是考试的题目，我们
一起来解答一下吧。

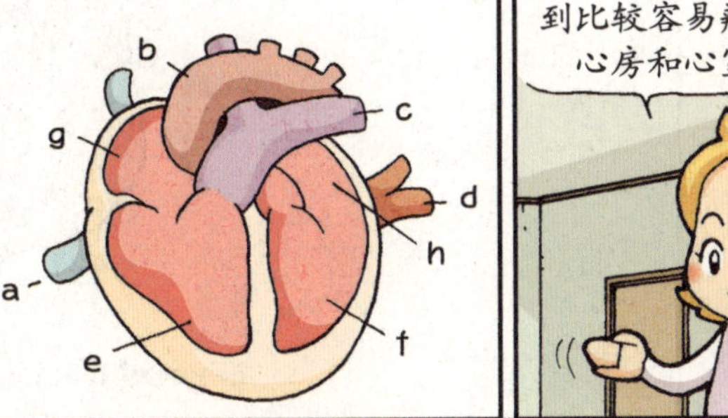
b
c
g
d
h
a
e
f
如果考试题中给出了这种
心脏的图，首先我们要找
到比较容易辨别的，连接
心房和心室的血管。

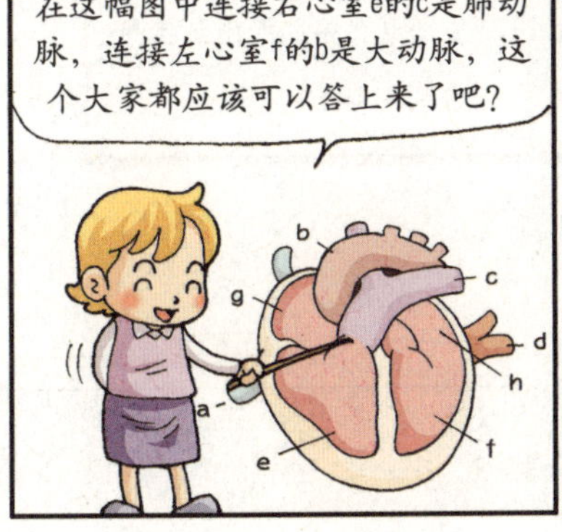
在这幅图中连接右心室e的c是肺动
脉，连接左心室f的b是大动脉，这
个大家都应该可以答上来了吧？
b
c
g
d
h
a
e
f

那么……在右心房g旁边的
a是大静脉，在左心房h旁边的
d是肺静脉。
!

哎呦，你这个讨人
喜欢的家伙。姐姐
讲的内容你全都
听明白了呢。
啊，好疼
的啦！

# 02 循环器官

· 血液
· 心脏
· 血管
· 血液的循环

## 1) 血液

| | | | |
|---|---|---|---|
| 血细胞 | 红细胞 | 运输氧气 | 没有细胞核，中间凹陷的椭圆形细胞。<br>含有红色色素血红蛋白。<br>在血液中占据最大的比例。 |
| | 白细胞 | 杀菌作用 | 有细胞核，形状不规则。<br>通过变性运动进行移动。 |
| | 血小板 | 血液凝固 | 没有细胞核，形状不规则。 |
| 血浆 | 运输作用，调节体温 | | 运输营养素，代谢废物、二氧化碳、激素等。<br>防止体温出现急剧的浮动变化。<br>绝大部分为水，含有营养物质和抗体。 |

## 2) 心脏

| | |
|---|---|
| 心脏的结构 | 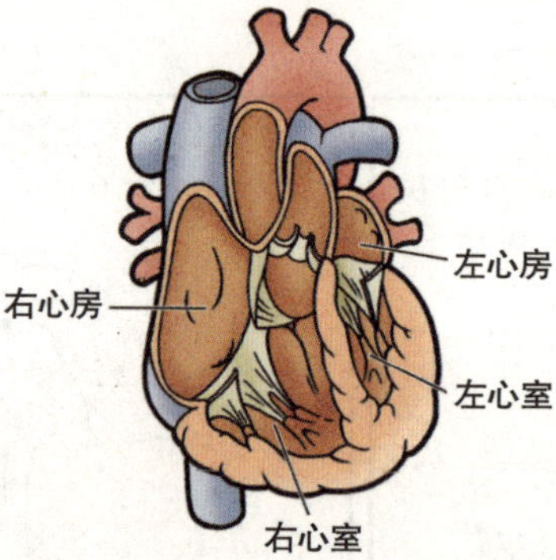 左心房<br>右心房<br>左心室<br>右心室<br>由两个心房和两个心室组成。 |
| 瓣膜 | 位于心房和心室之间，心室和动脉之间，防止血液的逆流。 |
| 心脏的搏动 | 通过心房和心室有规律的收缩松弛运动使心脏产生搏动，将血液送至全身实现循环。 |

## 3) 血管

| 种类 | 动脉 | 毛细血管 | 静脉 |
| --- | --- | --- | --- |
| 区别 | 从心脏中向外流的血液流动的血管。 | 连接动脉和静脉的血管。 | 从外部流回心脏的血流动的血管。 |
| 特征 | 血管壁厚，弹力大。<br>位于人体的内部。 | 由一个细胞层组成，便于组织细胞进行物质交换。 | 血管壁比动脉的要薄，弹力不大。<br>位于全身的瓣膜处。<br>且位置靠近皮肤。 |
| 结构 | 血压：动脉＞毛细血管＞静脉<br>血流速度：动脉＞静脉＞毛细血管 | | |

## 4) 血液的循环

| | |
| --- | --- |
| 体循环（大循环） | 经过心脏的动脉血向全身的组织细胞提供氧气和营养素，回收二氧化碳和代谢废物的过程。<br>（左心室→大动脉→全身的毛细血管→大静脉→右心房） |
| 肺循环（小循环） | 从心脏流出的静脉血到肺中抛弃二氧化碳，接受氧气的过程。<br>（右心室→肺动脉→肺的毛细血管→肺静脉→左心房） |

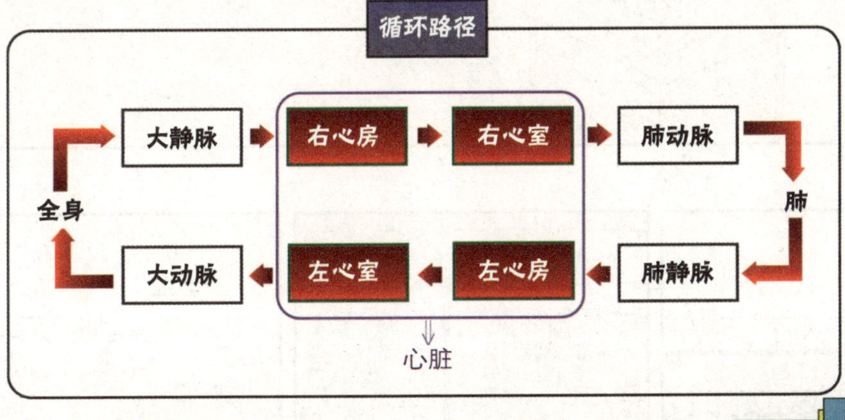


**循环路径**

全身 → 大静脉 → 右心房 → 右心室 → 肺动脉 → 肺 → 肺静脉 → 左心房 → 左心室 → 大动脉 → 全身

心脏

# Ⅳ.呼吸与排泄

竟然连我的生日
都忘记了，两个人
自己就出门去了
……

嗯？

那个小朋友，
你快点来回答
我提出的问题。
啊……
什么？

利用营养素制造能量的过程
叫什么名字？

还有在这个过程中
产生的代谢废物排出
体外的过程叫什么？
怎么莫名
其妙地会
向我提出
问题呢？

我这个笨蛋，我到底在做什
么？竟然和电视在说话……
扯开

我数到三如果你还答不上来的话，
我就要去找你发飙了啊。
什么？!

一，二……

等……等一下。
你得给我时间
想一下的嘛……

三！
哈！

等着，小朋友。
我马上就到。
消失-

这到底是演的哪一出啊。
太胡来了吧……

# 1. 呼吸

你这个笨蛋，竟然会被电影的内容吓得晕过去……

不是的啦。那个怪物真的向我提问了，而我又没有答上来……
呵呵呵

既然你那么怕的话，在他数到三之前回答他不就行了嘛。
可是我不知道答案呀。

那个怪物提出问题的正确答案是"呼吸"和"排泄"。

啊！原来如此！
谁让你平时不努力学习的？

啊……不管怎么样，我们快开始上课吧。
用学习来忘掉恐惧……

今天吹的什么风啊，你竟然会先催我给你上课。
快点啦，随便讲点什么……

好吧，我们今天要学习的内容就是呼吸和排泄。

这跟前面讲过的消化和循环是有联系的，所以一定要认真思考好好理解哦。

人类平时都在呼吸，但是不太容易察觉。

不过在进行剧烈运动之后，呼吸变得急促，我们自然就会意识到呼吸的存在。
吼
吼

而且在没有空气的宇宙中，人类必须带好氧气面罩才能够生存，这是为什么呢?

当然是因为人不呼吸就会死啊。

那么请问为什么人不呼吸的话就活不下去了呢?
呃?
这个……

想要把纸点着获得热量的话需要有氧气的帮助，对吧?
哗啦啦

由此可知燃烧物质都需要有氧气的帮助。

同样的道理，人体利用营养素制造能量的过程也需要有氧气的帮助。

也就是说必须在有氧气和营养素的情况下，我们的身体才能够制造出能量。

像这样利用氧气和营养素制造能量的过程就称为“呼吸”。

但如果只是单纯地吸入和呼出气体并不能算是真正的呼吸。

人不呼吸就无法制造能量，

如同汽车模型的电池用完了就跑不动了一样。

下面我们就来看一下呼吸是通过哪些过程实现的吧。

## 1) 呼吸器官和呼吸运动

呼吸器官是指在我们的身体中负责吸入氧气，
O2

并把在制造能量期间产生的二氧化碳排出体外的地方。
CO2

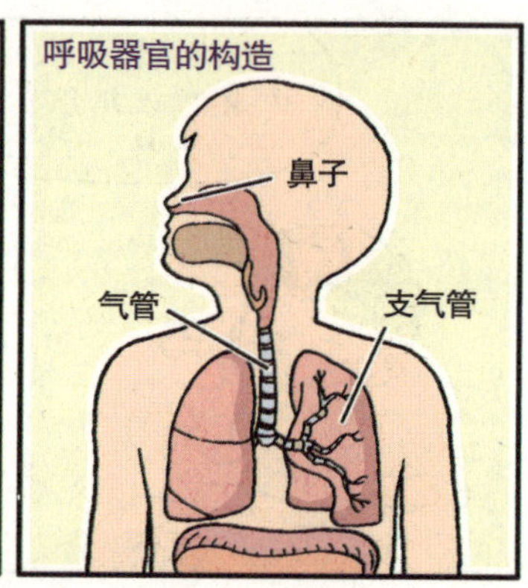
呼吸器官的构造
鼻子
气管
支气管

在呼吸器官中，肺和鼻子是像这样联系起来的，
就是这样。
刷
呃，你干吗啦？我不是素描本啦。

吸入体内的空气经过鼻子和气管得到水分。

另外，空气中的灰尘等杂质在黏液和毛发的作用下也被隔离掉了。

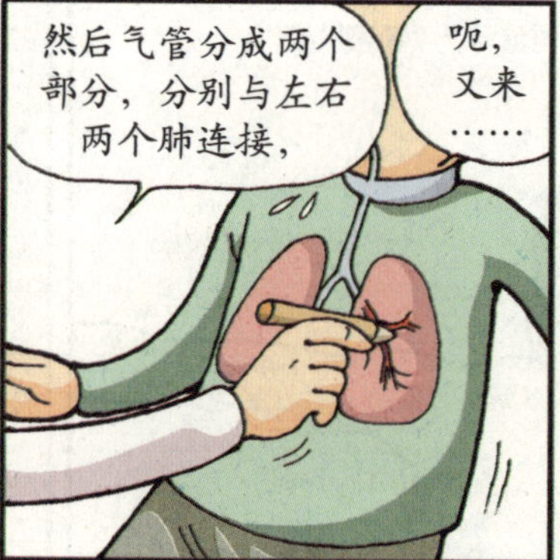
然后气管分成两个部分，分别与左右两个肺连接，
呃，又来……

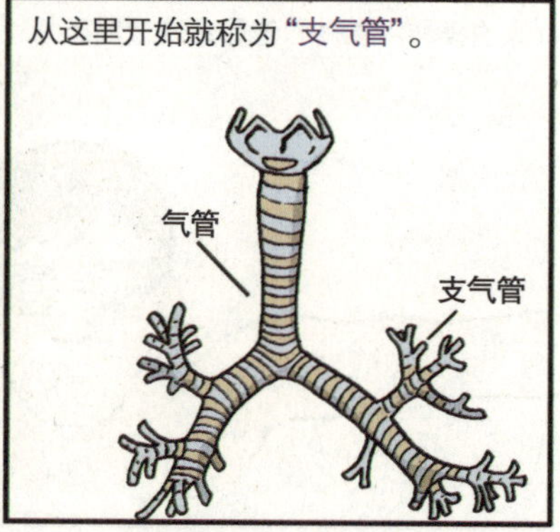
从这里开始就称为“支气管”。
气管
支气管

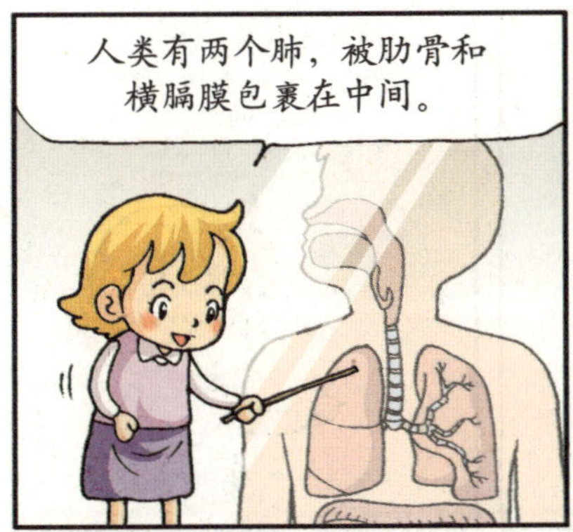
人类有两个肺，被肋骨和横膈膜包裹在中间。

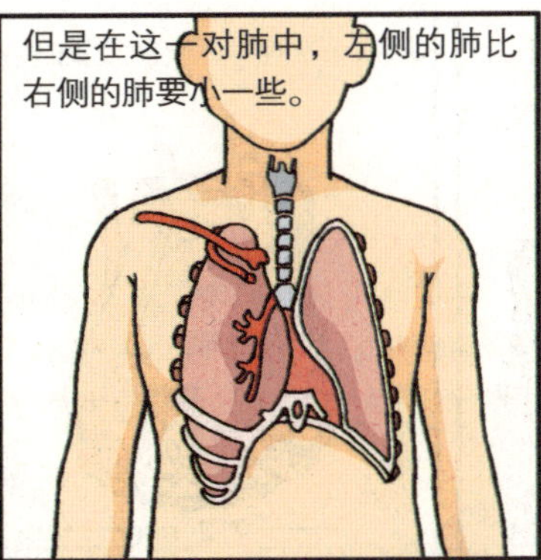
但是在这一对肺中，左侧的肺比右侧的肺要小一些。

原因是心脏长在左侧。
喂，这里挤死了你过去一点啦。
不……不要推我嘛。

人们经常把肺比喻成气球，

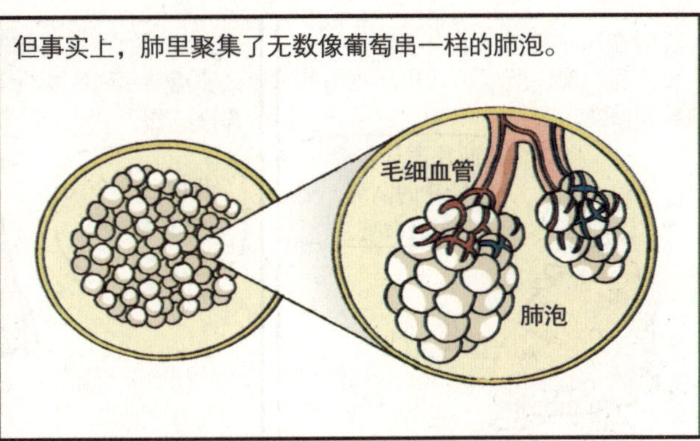
但事实上，肺里聚集了无数像葡萄串一样的肺泡。
毛细血管
肺泡

这幅图里的肺泡看起来真的像一个个葡萄串一样。

因为有这么多的小肺泡，使肺与空气接触的面积也就变大了许多。

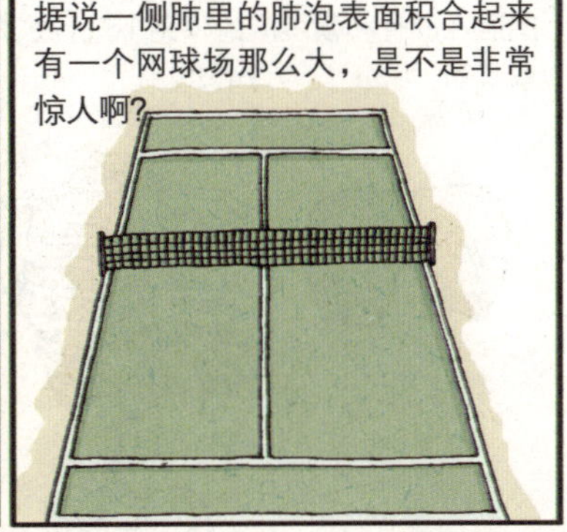
据说一侧肺里的肺泡表面积合起来有一个网球场那么大，是不是非常惊人啊？

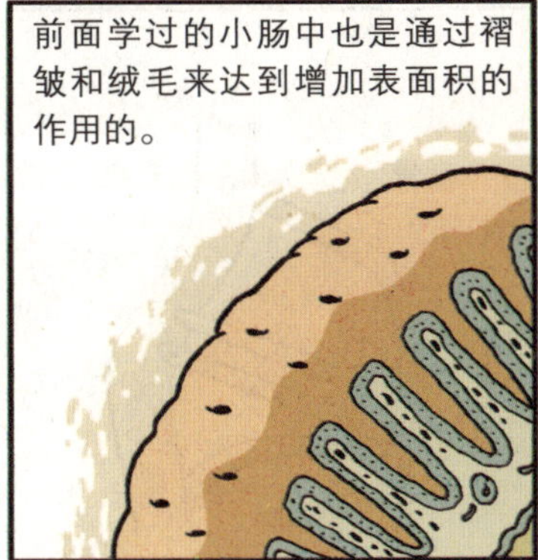
前面学过的小肠中也是通过褶皱和绒毛来达到增加表面积的作用的。

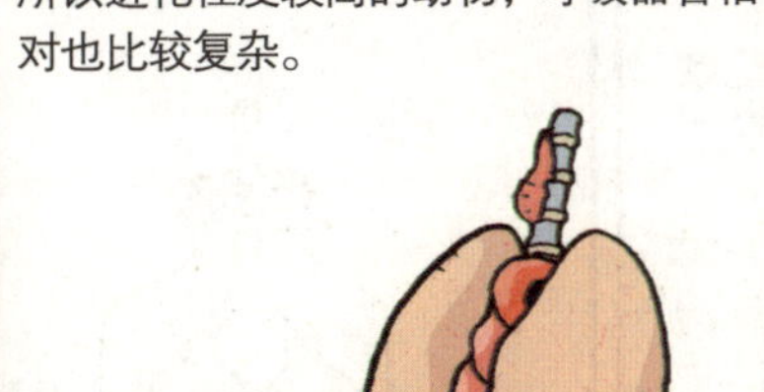
所以进化程度较高的动物，呼吸器官相对也比较复杂。

原因是为了更加高效地使用空气。

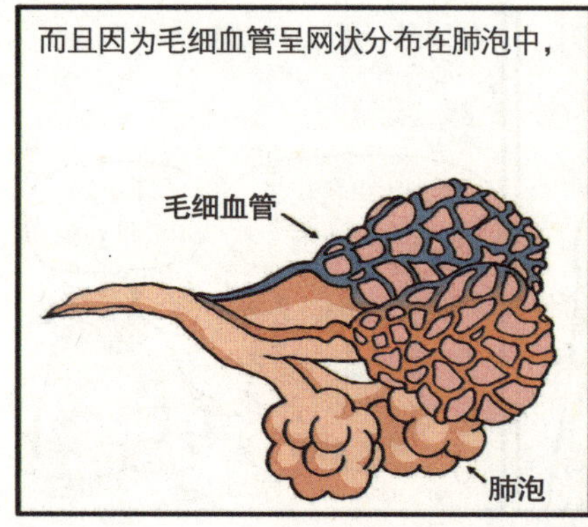
而且因为毛细血管呈网状分布在肺泡中，
毛细血管
肺泡

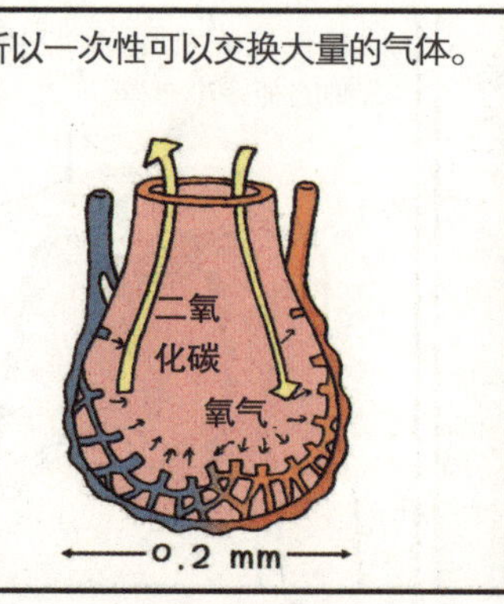
所以一次性可以交换大量的气体。
二氧
化碳
氧气
0.2 mm

那么气体是如何进入肺的，又是如何从肺里出去的呢？

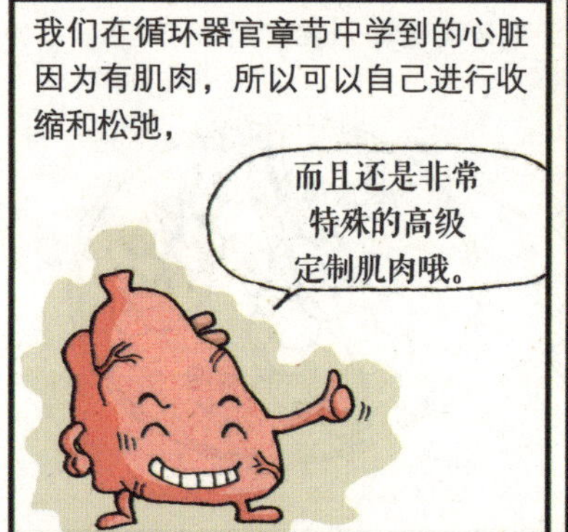
我们在循环器官章节中学到的心脏因为有肌肉，所以可以自己进行收缩和松弛，
而且还是非常特殊的高级定制肌肉哦。

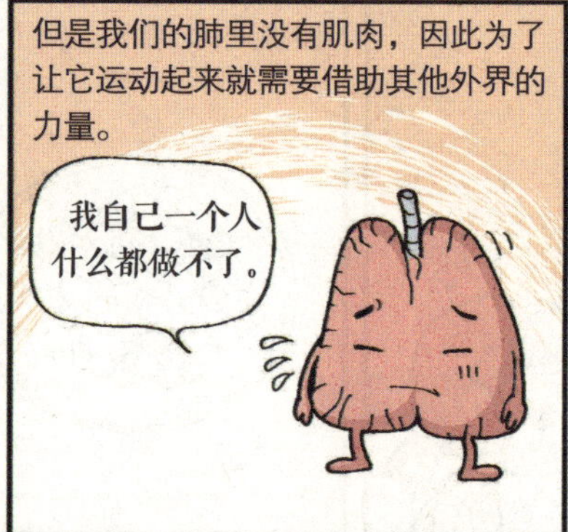
但是我们的肺里没有肌肉，因此为了让它运动起来就需要借助其他外界的力量。
我自己一个人什么都做不了。

这个力量就来自于“肋骨”和“横膈膜”。

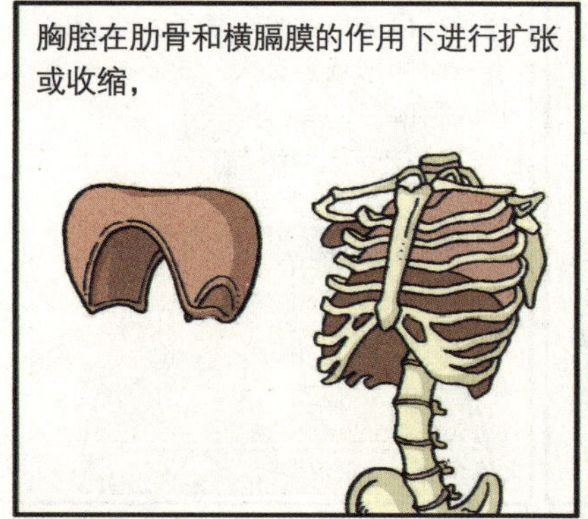
胸腔在肋骨和横膈膜的作用下进行扩张或收缩，

因此而产生的压力变化就是空气进出的原动力。
好神奇。

下面我们来做一个简单的实验，通过实验了解一下呼吸运动的原理吧。

你每次都是从哪里弄出这些奇怪的东西来的？
首先准备一个呼吸运动的实验装置……

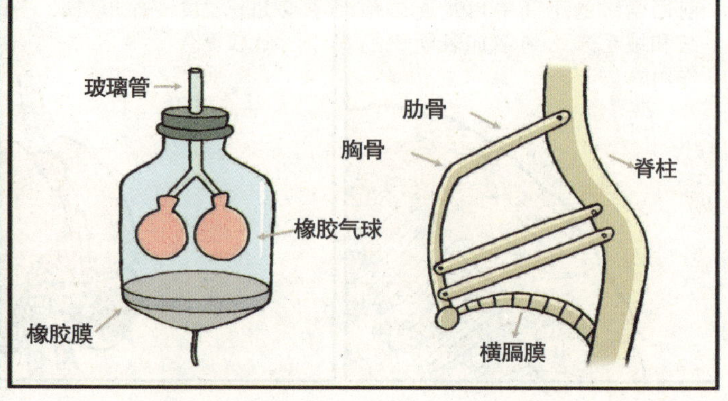
玻璃管
橡胶气球
橡胶膜
肋骨
胸骨
脊柱
横膈膜

橡胶气球就是我们的肺，下端的橡胶膜就相当于横膈膜。

只要理解了这个实验中横膈膜的运动规律，把它颠倒过来就是肋骨的运动规律了。

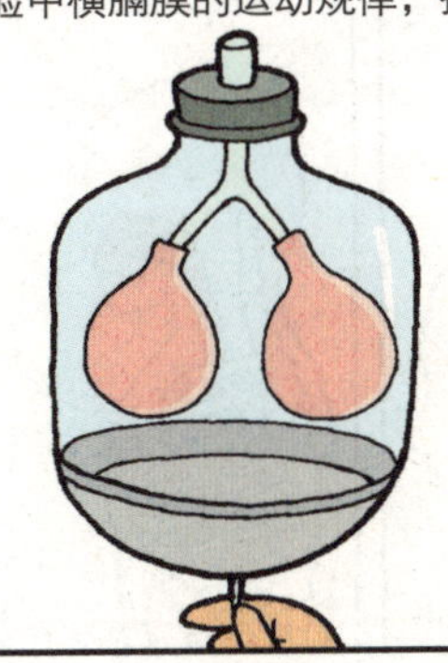

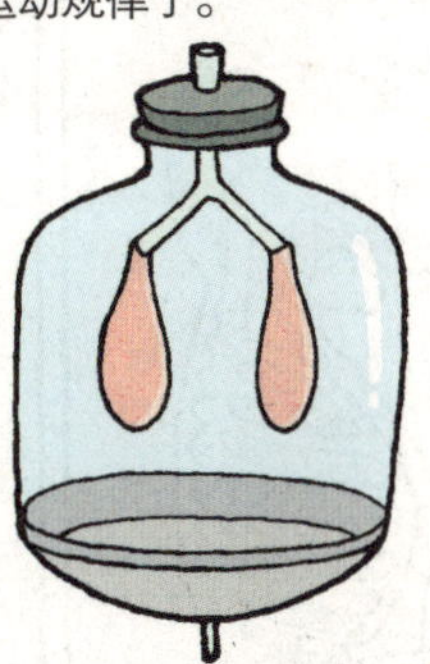

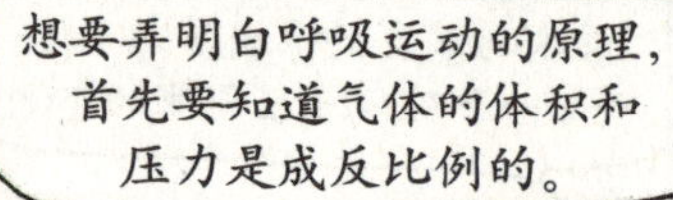

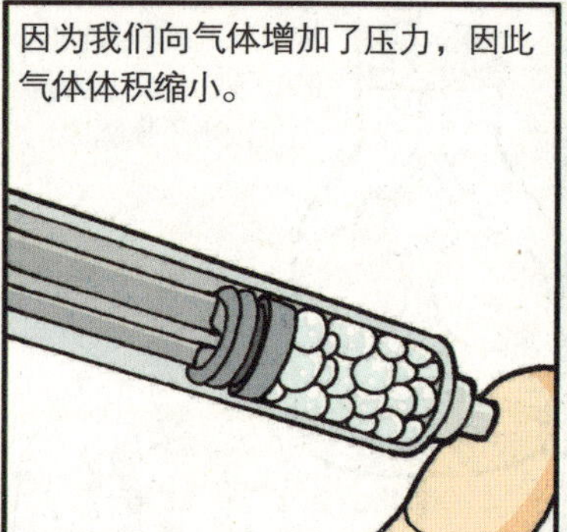

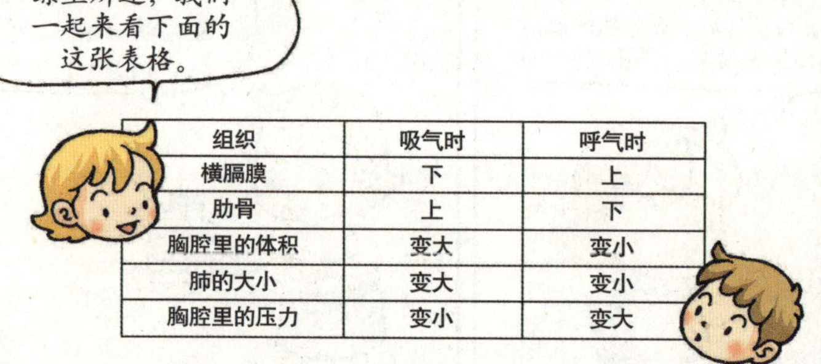


| 组织 | 吸气时 | 呼气时 |
|---|---|---|
| 横膈膜 | 下 | 上 |
| 肋骨 | 上 | 下 |
| 胸腔里的体积 | 变大 | 变小 |
| 肺的大小 | 变大 | 变小 |
| 胸腔里的压力 | 变小 | 变大 |



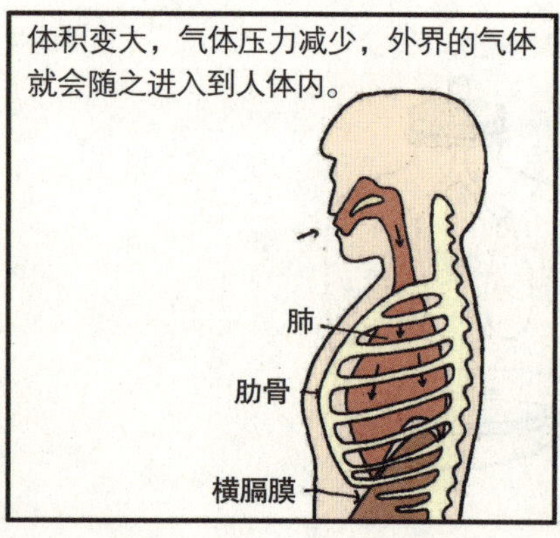

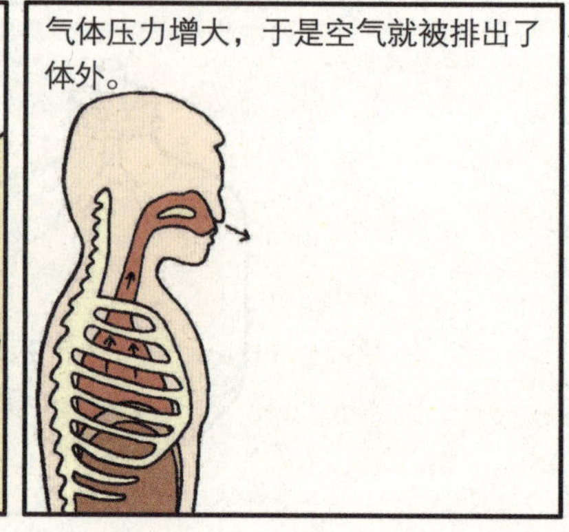

## 2) 外呼吸和内呼吸

准备材料：石灰水、锥形瓶、玻璃管、橡皮瓶塞……

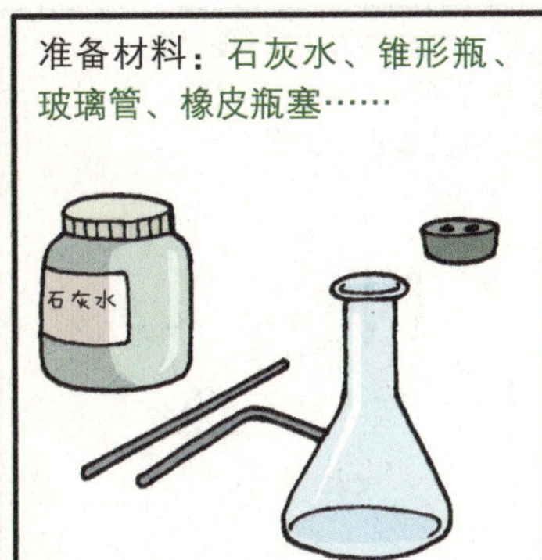


1. 首先准备（甲）和（乙）两个锥形瓶，在里面装入适量的石灰水，

2. 按照下图所示，在两个锥形瓶上分别装上两根玻璃管。

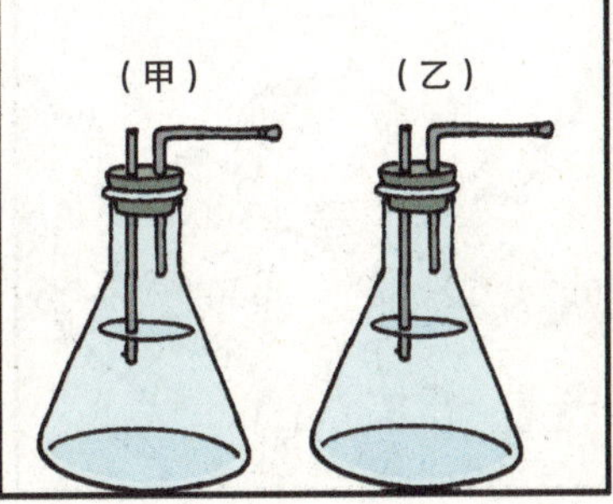


3. 用嘴对着（甲）的玻璃管慢慢吹气。



4. 再用嘴对着（乙）的玻璃管慢慢吸气。

实验结果是（甲）锥形瓶中的石灰水变得浑浊，呈白色。

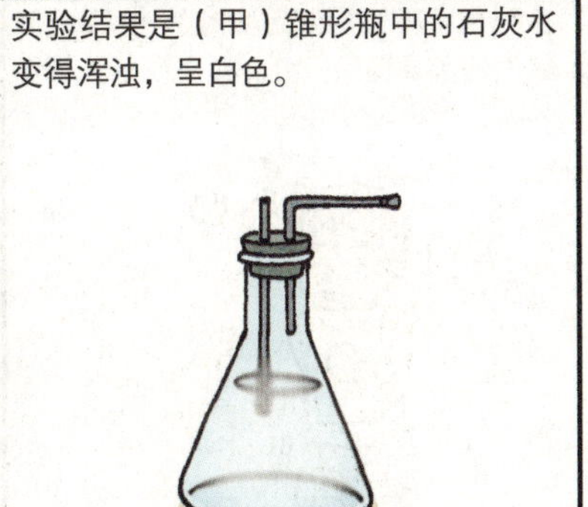

原因是石灰水遇到二氧化碳会变白和浑浊。

好浑浊哦。

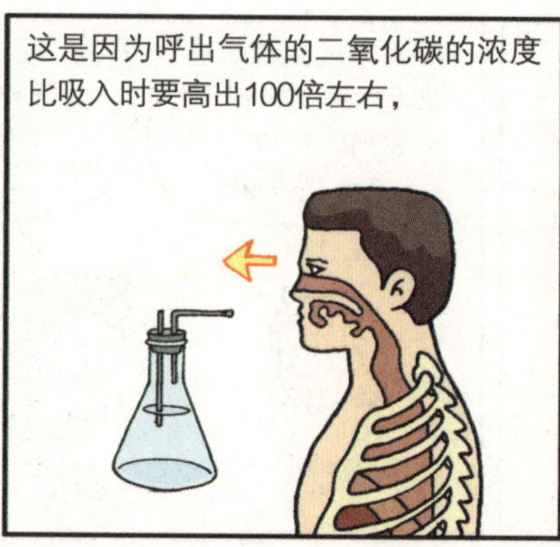

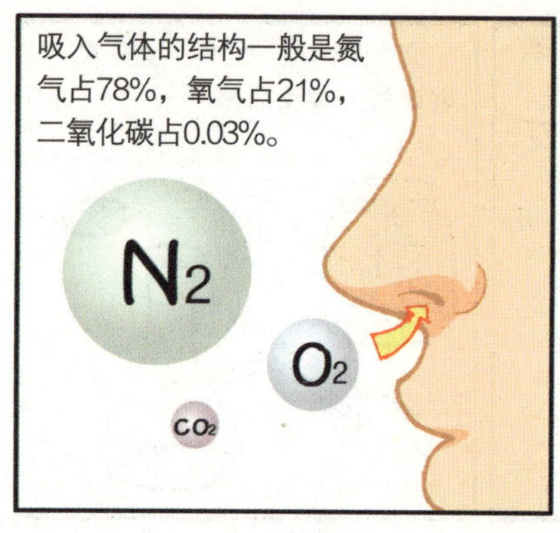


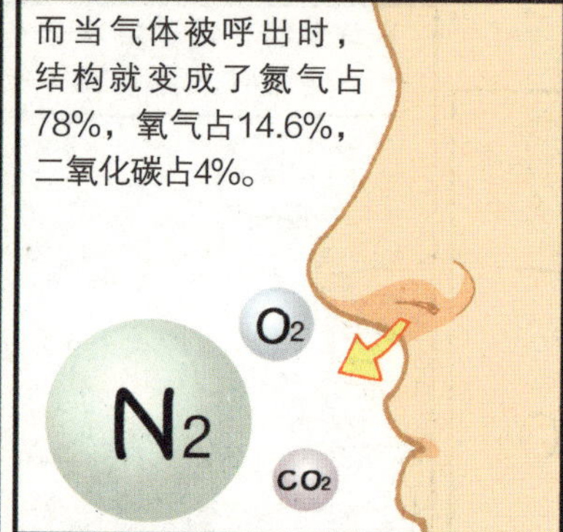

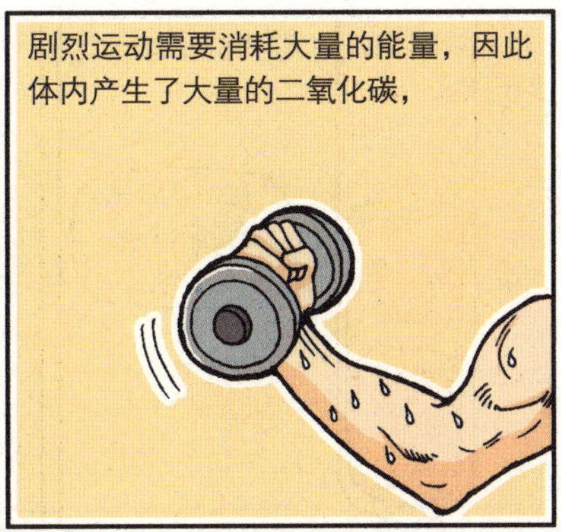


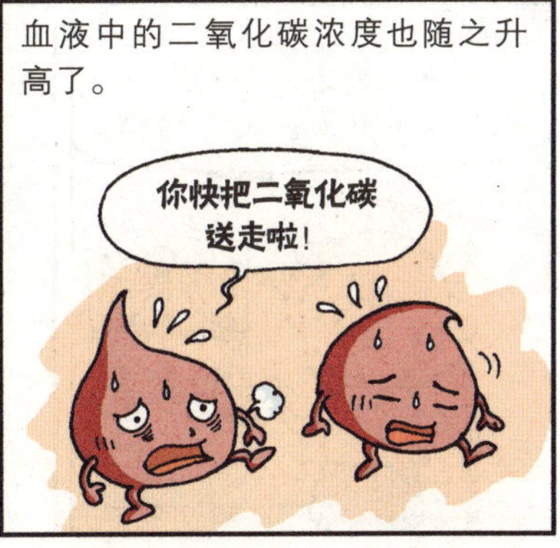

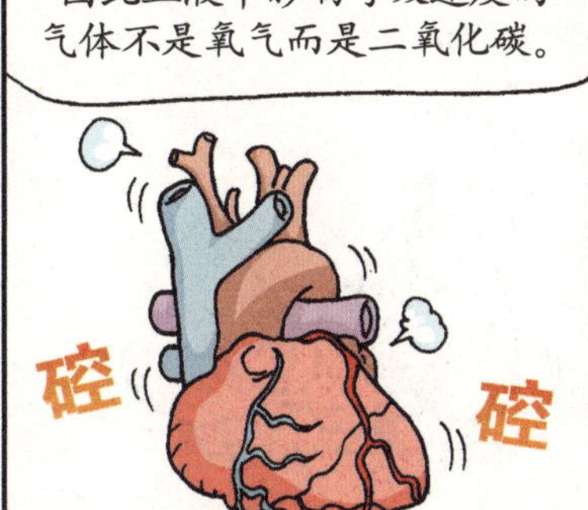

| 吸入气体的氧气量（%） | 10 | 15 | 20 | 25 | 30 |
|---|---|---|---|---|---|
| 每分钟呼吸次数（次） | 18 | 19 | 18 | 18 | 19 |
| 吸入气体的二氧化碳量（%） | 1 | 3 | 6 | 9 | 12 |
| 每分钟呼吸次数（次） | 18 | 19 | 25 | 35 | 50 |

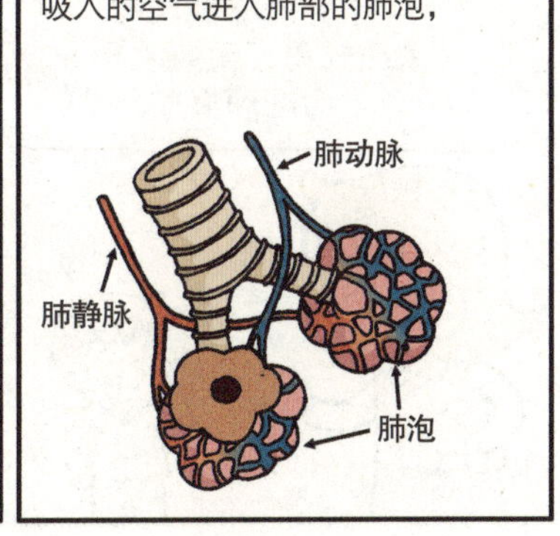

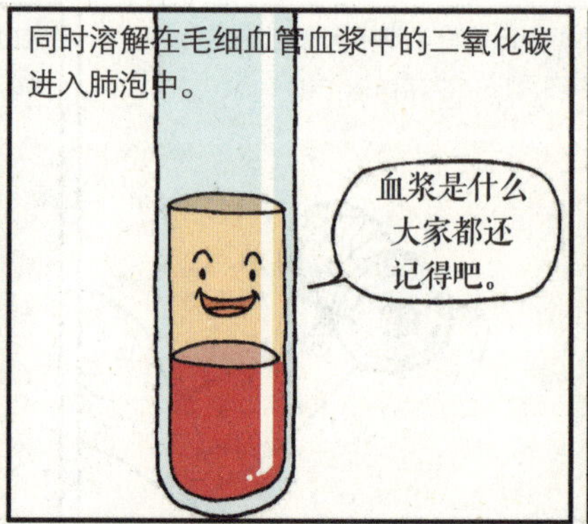

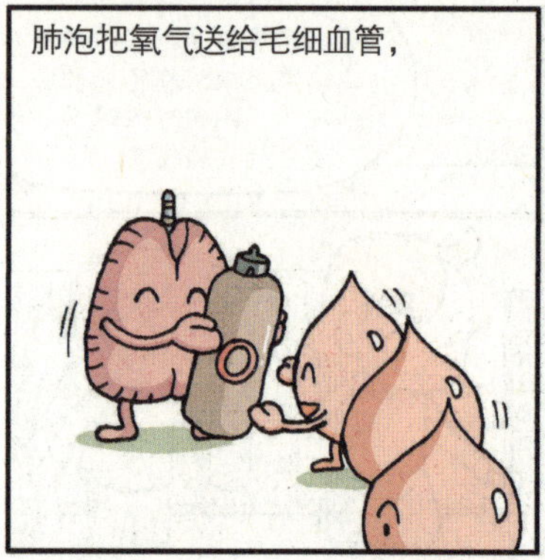


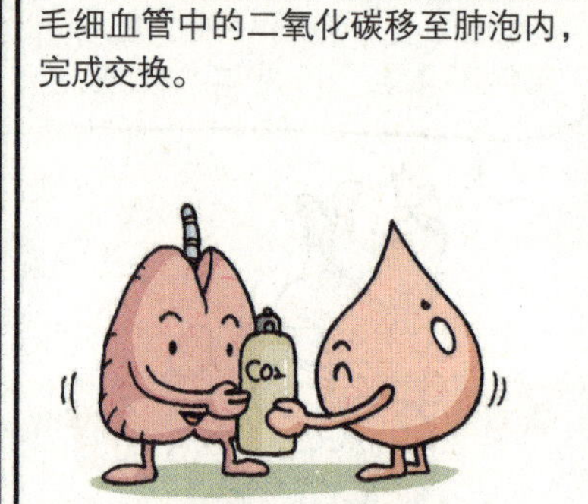

| 氧气 | 肺泡 | > | 毛细血管 |
|---|---|---|---|
| 二氧化碳 | 肺泡 | < | 毛细血管 |

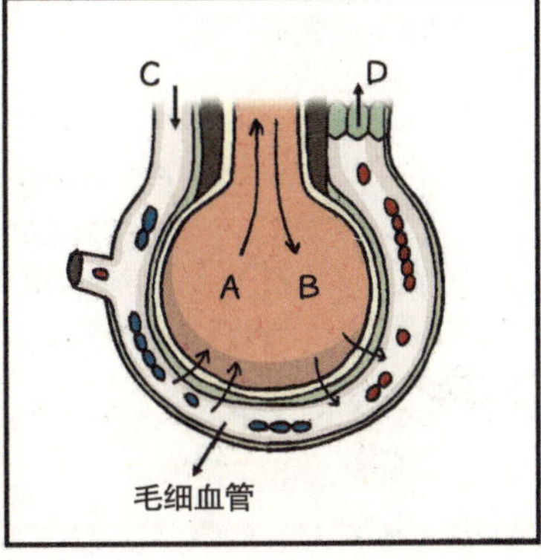


毛细血管可以区分为将溶解在血浆中的二氧化碳送至肺泡排出体外的A，

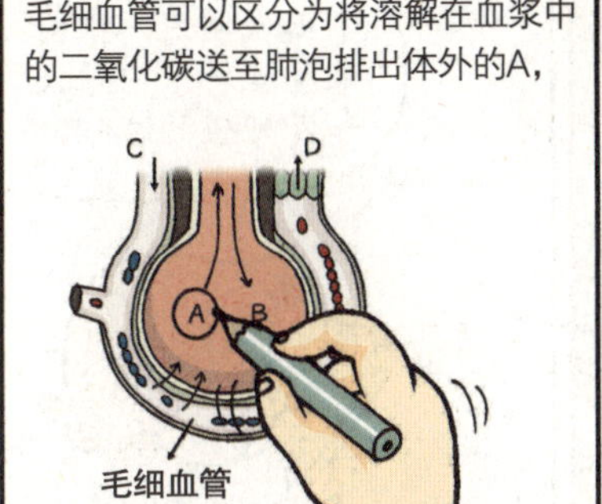


和空气中的氧气与毛细血管中的红血球结合的B。

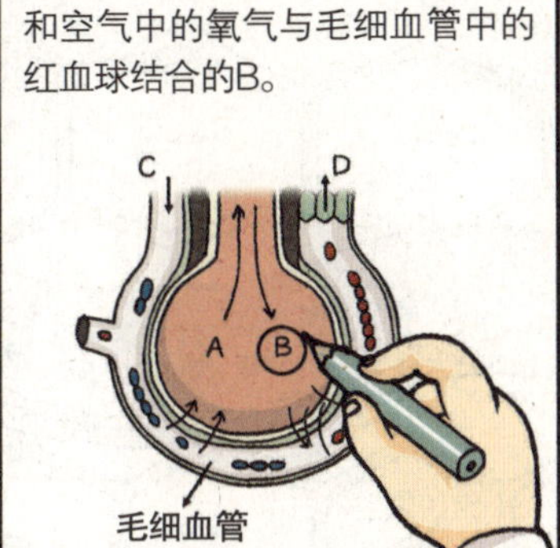

再流入左心室，经由大动脉输送至全身的组织细胞。

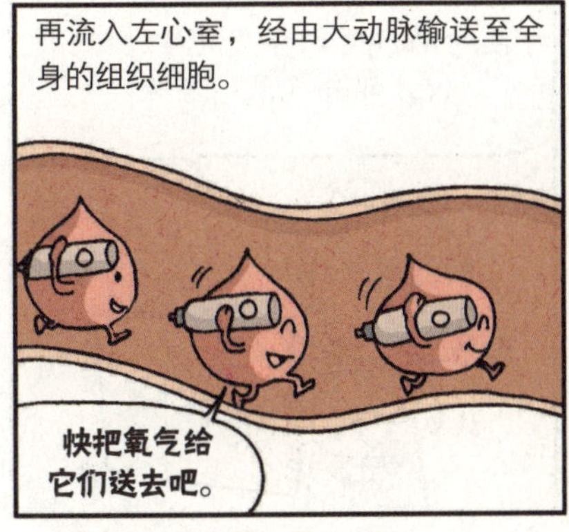

毛细血管中的红血球把携带的氧气送给组织细胞，

而组织细胞将制造能量过程中产生的二氧化碳通过毛细血管里的血浆排出体外。

像这样在毛细血管和组织细胞之间发生的气体交换就称为“内呼吸”，

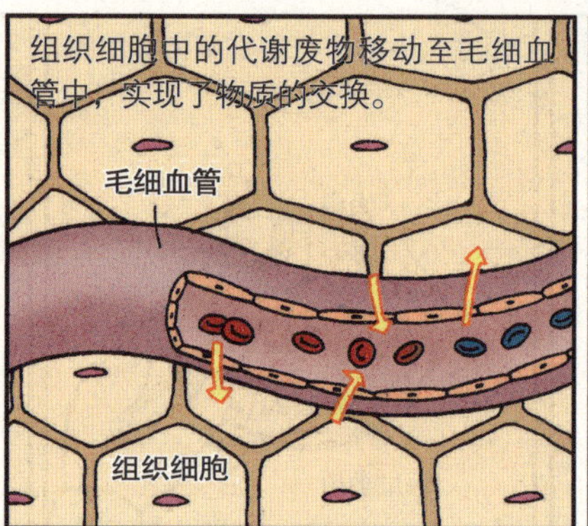

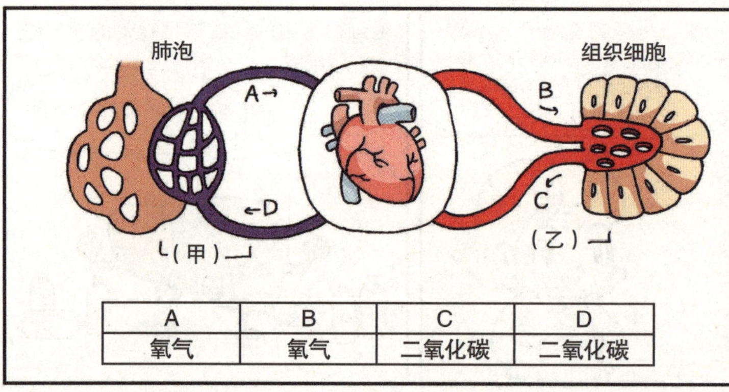


| A | B | C | D |
|---|---|---|---|
| 氧气 | 氧气 | 二氧化碳 | 二氧化碳 |

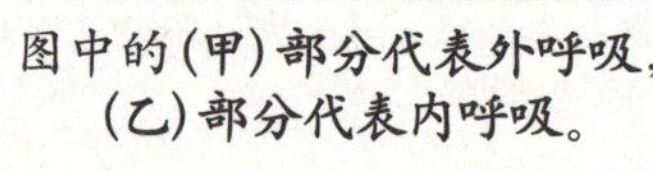

肺循环：右心室→肺→左心房
体循环：左心室→全身→右心房

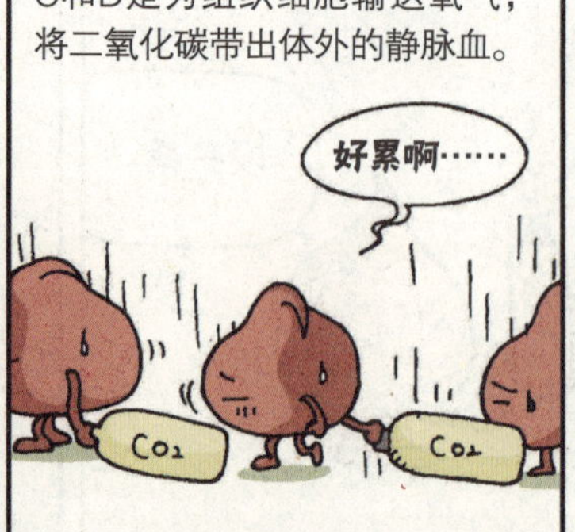

即，氧气从肺泡进入组织细胞，二氧化碳从组织细胞进入肺泡的过程。

## 3）呼吸和能量

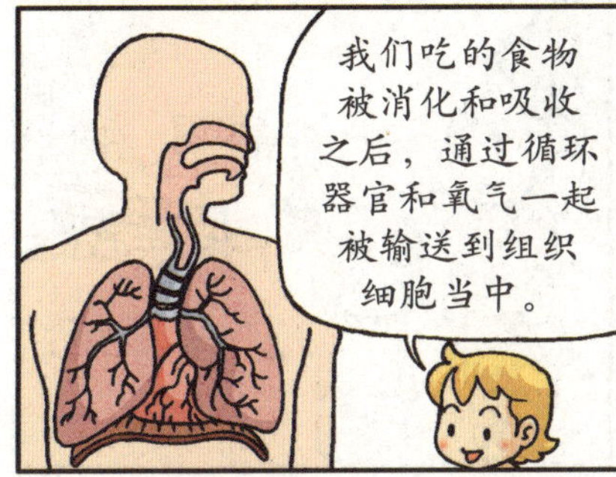

燃烧：燃料与氧气结合之后产生的发光发热的现象。

无论是植物还是动物，只要是生物就必须通过呼吸获取能量。

现在你知道生物为什么必须要呼吸的原因了吧？

嗯嗯……

无氧呼吸一般是不需要消耗太多能量的单细胞生物采取的呼吸方式，

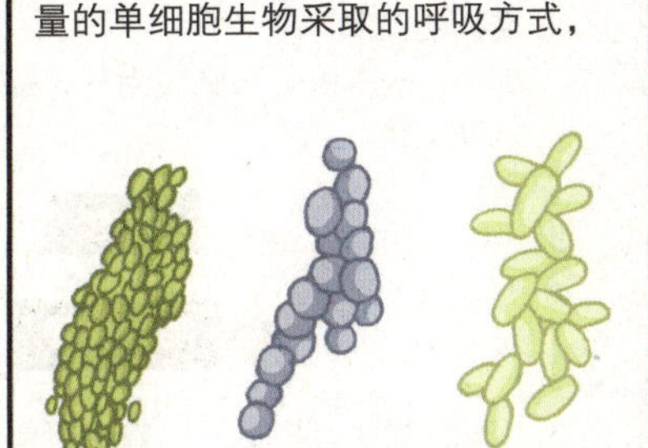

最具代表性的就是酵母，它在进行无氧呼吸时产生的副产物就是酒精。

换句话来讲，像米酒之类的酒类就是无氧呼吸的副产物。

无氧呼吸的副产物如果是对人体有益的物质，人们就称其为**“发酵”**。

如果是对人体有害的物质就称为**“腐败”**。

日常生活中常见的发酵食品有泡菜、酸奶、奶酪等。

# 01 呼吸

· 呼吸器官和呼吸运动
· 外呼吸和内呼吸
· 呼吸和能量

## 1) 呼吸器官和呼吸运动

<table>
<tr><td rowspan="3">呼吸器官</td><td>鼻子</td><td>内有鼻毛和黏液，能够隔离空气中的灰尘和细菌。</td></tr>
<tr><td>气管和支气管</td><td>连接鼻孔与肺的管道，内含有纤毛能够隔离空气中的灰尘和细菌。<br>气管两端分支出支气管，连接左右两个肺。</td></tr>
<tr><td>肺</td><td>肺被左右两侧的横膈膜与肋骨包围着。<br>由不计其数的肺泡组成，肺泡表面积非常大。☞ 提高气体交换的效率。<br>肺泡——由单个细胞层组成，被毛细血管包围着，能够进行气体交换。<br>肺泡 二氧化碳 氧气 毛细血管</td></tr>
<tr><td rowspan="4">呼吸运动</td><td colspan="2">肺里没有肌肉，因此无法自行运动，需通过横膈膜与肋骨的上下运动，使胸腔内的气体体积产生变化，以此调节肺部的运动。</td></tr>
<tr><td>吸气</td><td>横膈膜向下运动，肋骨向上运动，体积加大，压力减少，外部的空气进入肺部。</td></tr>
<tr><td>呼气</td><td>横膈膜向上运动，肋骨向下运动，体积缩小，压力加大，肺里的空气被排出体外。</td></tr>
<tr><td colspan="2">肋骨 胸骨 脊柱<br>玻璃管 橡胶气球 玻璃瓶 橡胶膜<br>松开时（呼气时） 拉扯时（吸气时）</td></tr>
</table>

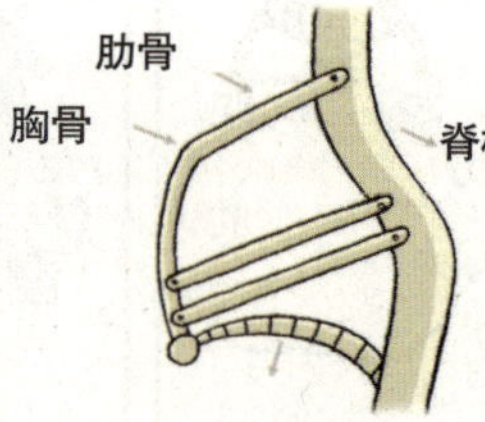

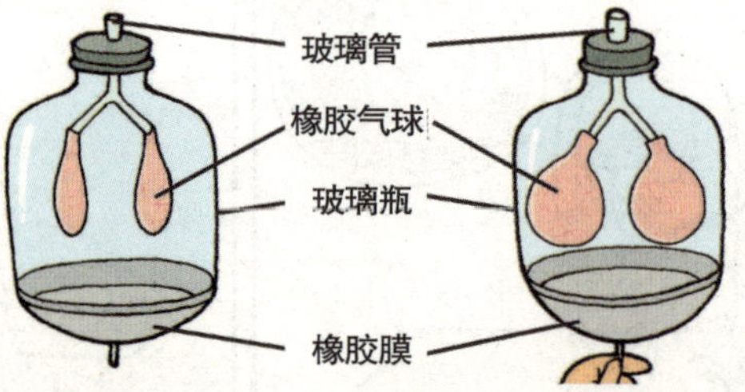

| 组织 | 吸气时 | 呼气时 |
|---|---|---|
| 横膈膜 | 下 | 上 |
| 肋骨 | 上 | 下 |
| 胸腔里的体积 | 变大 | 变小 |
| 肺的大小 | 变大 | 变小 |
| 胸腔里的压力 | 变小 | 变大 |

## 2) 外呼吸和内呼吸

| 分类 | 外呼吸 | 内呼吸 |
|---|---|---|
| 场所 | 肺泡和毛细血管 | 毛细血管和组织细胞 |
| 原理 | 气体的浓度（分压）差异引起的扩散现象。 | |
| 氧气的浓度 | 肺泡＞毛细血管 | 毛细血管＞组织细胞 |
| 二氧化碳的浓度 | 肺泡＜毛细血管 | 毛细血管＜组织细胞 |
| 过程 | 肺动脉 肺静脉 二氧化碳 氧气 毛细血管<br>包裹肺泡的毛细血管里的血液从肺泡中获得氧气，将二氧化碳转移到肺泡中。 | 毛细血管 二氧化碳 氧气 氧气 二氧化碳 组织细胞<br>毛细血管中的血液将氧气输送给组织细胞，将二氧化碳带走。 |

肺泡 氧气 二氧化碳 外呼吸 组织细胞 氧气 二氧化碳 内呼吸

## 3) 呼吸和能量

| 细胞呼吸 | 在组织细胞中利用氧气分解（氧化）营养素，产生能量的过程。<br>通过细胞呼吸产生的大部分能量都是用来维持体温的。 |
|---|---|
| 呼吸和燃烧 | 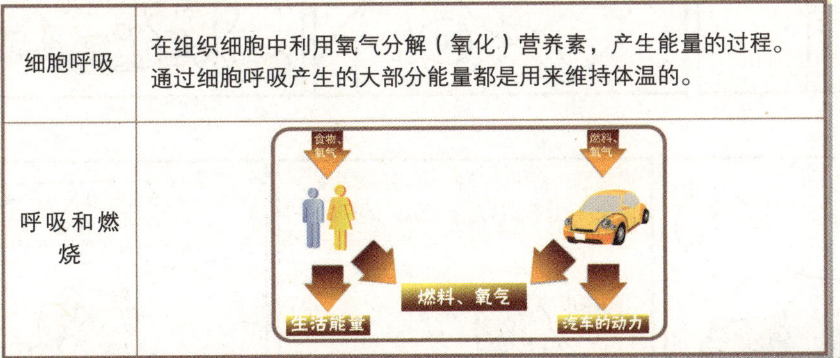 |

# 2. 排泄

在消化过程中没能被吸收的残渣，会通过大肠运至肛门被排出。
呃嗯——

啊哈，就是通过大便排泄的呗？
不对。我就知道你会这样回答，所以才问你的。这叫作排出，跟排泄是不一样的。

嗯？那排泄是什么呢？

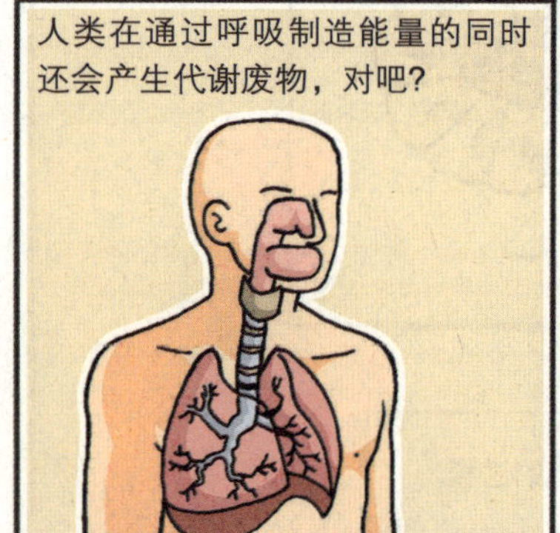

人类在通过呼吸制造能量的同时还会产生代谢废物，对吧？

代谢废物中的二氧化碳通过外呼吸作用就能够排出体外，
$CO_2$
$CO_2$
$CO_2$

但剩下的代谢废物都在血液当中，因此必须对血液进行过滤。
家里怎么这么脏啊。

像这样将呼吸时产生的代谢废物从血液中分离出来的过程就称为排泄。
啊……

包括经过肾脏过滤排出体外的尿液，以及经过汗腺过滤排出体外的汗。
呼
呼

下面就来看一看我们身体里都有哪些代谢废物，它们又是如何被过滤出来的。

## 1) 代谢废物的产生和排泄

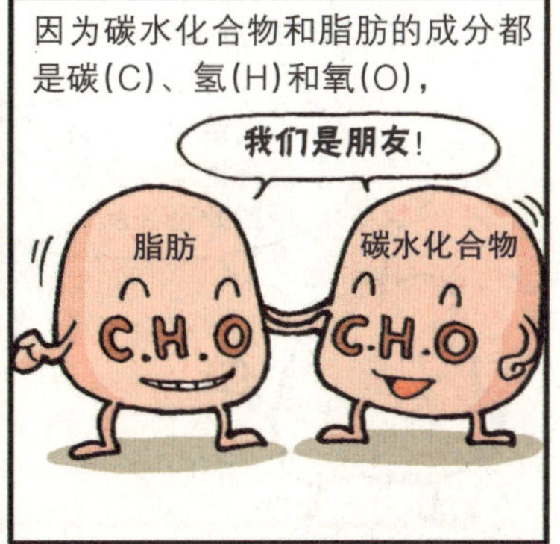

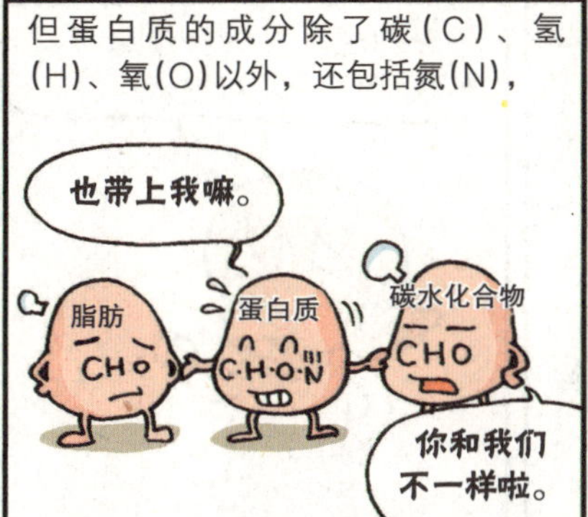

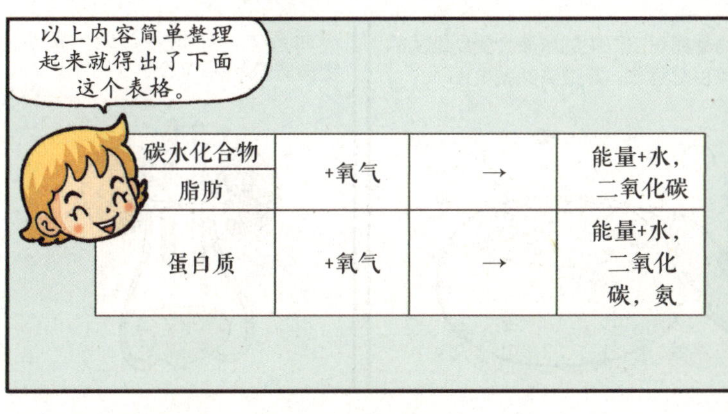


| 碳水化合物 | +氧气 | → | 能量+水，二氧化碳 |
|---|---|---|---|
| 脂肪 | | | |
| 蛋白质 | +氧气 | → | 能量+水，二氧化碳，氨 |

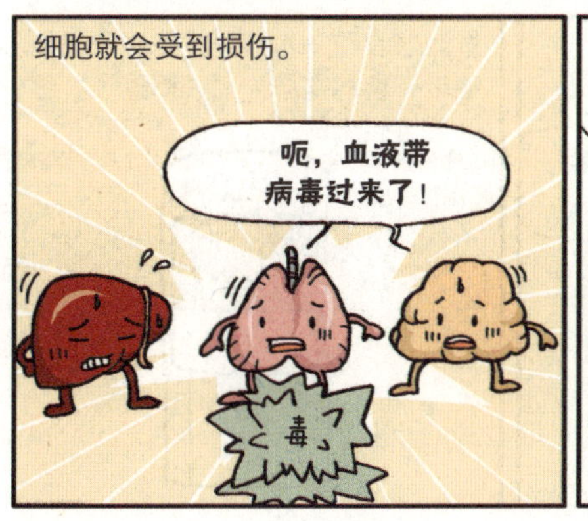

二氧化碳是通过肺排出体外的，
不用担心！我会负责把二氧化碳带到外面去的。

大部分水是通过尿液和汗水排出的，还有一部分是在呼气时以水蒸气的形式排出的。
冷飕飕

唯独氨由于毒性太强，
DANGER

需要通过人体的解毒工厂肝脏转化为毒性较低的尿素之后，
我可是非常重要的器官哦。

再分别通过肾脏和汗腺，以尿液和汗的形式排出体外。

尿液会散发出刺鼻的味道就是因为尿素（氨）。
呃，谁啊，怎么不冲水呢？

尿液如果再放置一段时间，味道还会变得更加难闻。

因为暴露在空气中的尿液会受到细菌的感染引起腐败，味道自然就更重了。

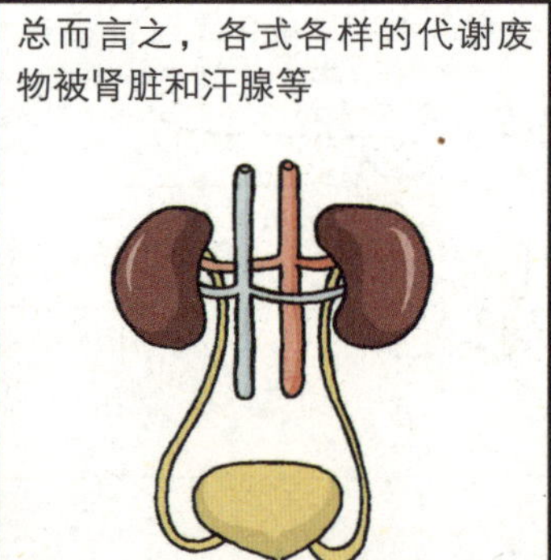
总而言之，各式各样的代谢废物被肾脏和汗腺等

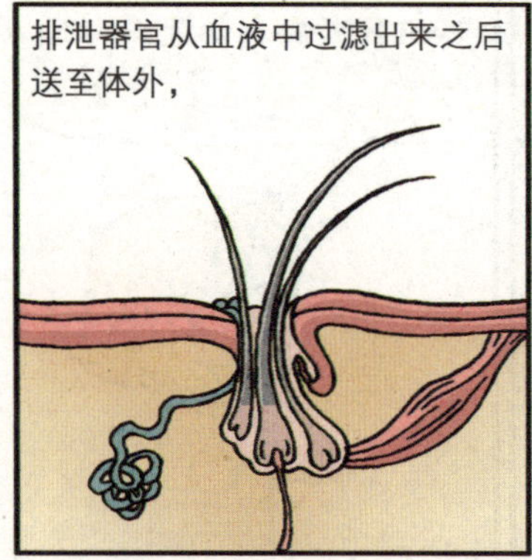
排泄器官从血液中过滤出来之后送至体外，

让循环的血液始终是干净的。
真是太谢谢你们啦。

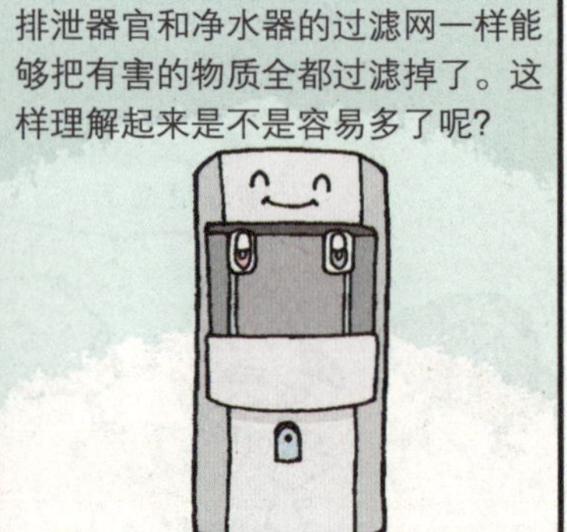
排泄器官和净水器的过滤网一样能够把有害的物质全都过滤掉了。这样理解起来是不是容易多了呢？

## 2）尿液

我们先来了解一下通过排泄器官中的肾脏制造的排泄物——尿液。

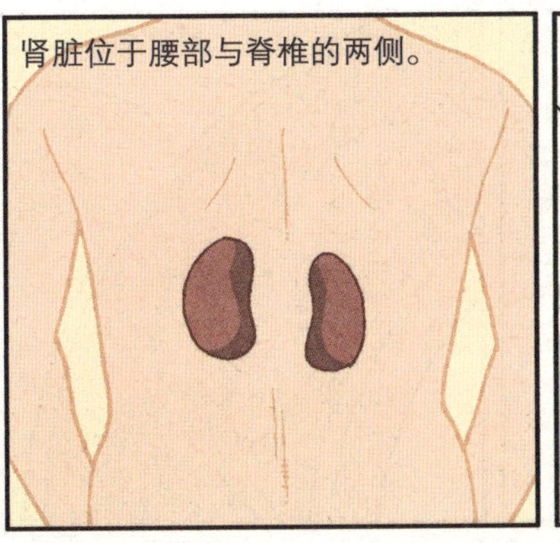

肾脏位于腰部与脊椎的两侧。

肾脏的形状长得很像我们常吃的扁豆。

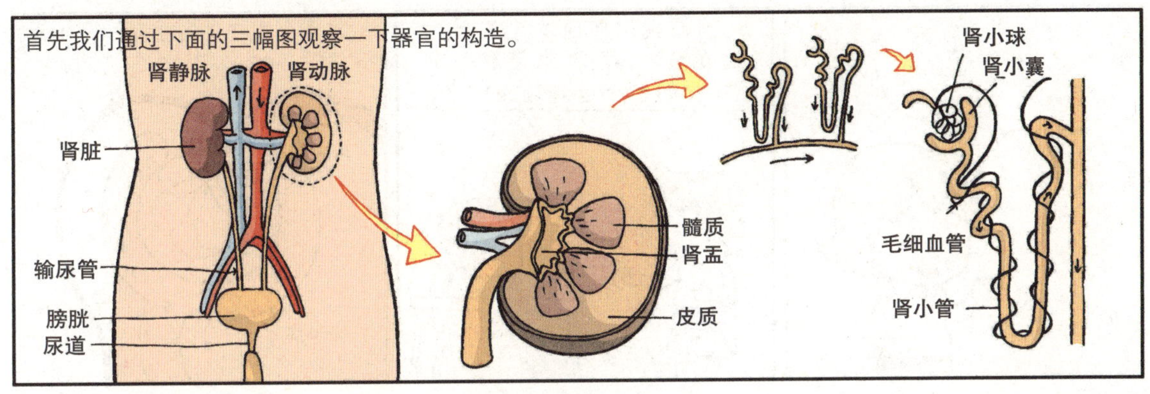

首先我们通过下面的三幅图观察一下器官的构造。
肾静脉
肾动脉
肾脏
输尿管
膀胱
尿道
髓质
肾盂
皮质
肾小球
肾小囊
毛细血管
肾小管

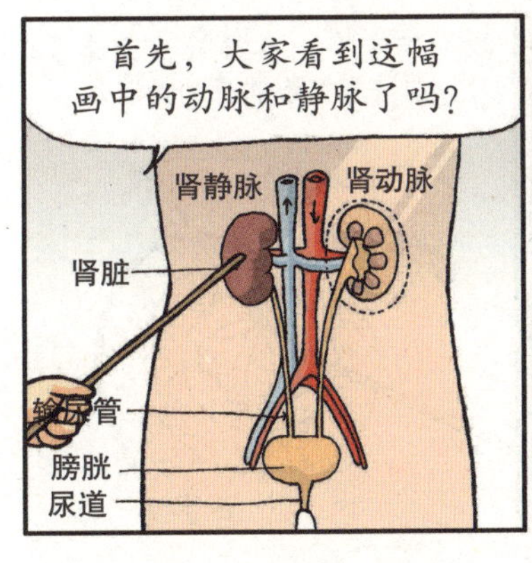

首先，大家看到这幅画中的动脉和静脉了吗？
肾静脉
肾动脉
肾脏
输尿管
膀胱
尿道

流出肾脏的血液流动的血管是动脉，将流入心脏的血液流动的血管是静脉。

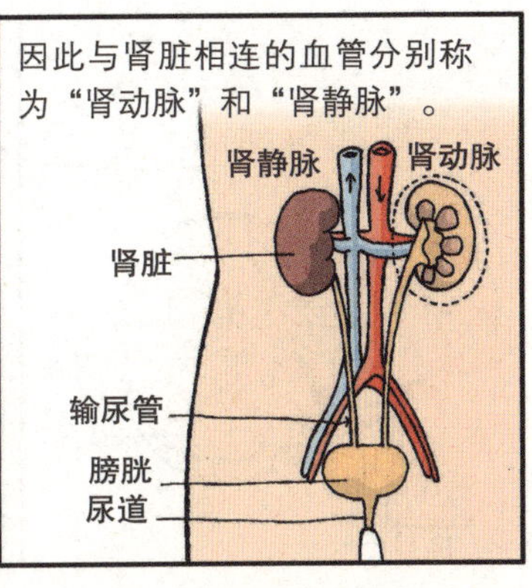

因此与肾脏相连的血管分别称为“肾动脉”和“肾静脉”。
肾静脉
肾动脉
肾脏
输尿管
膀胱
尿道

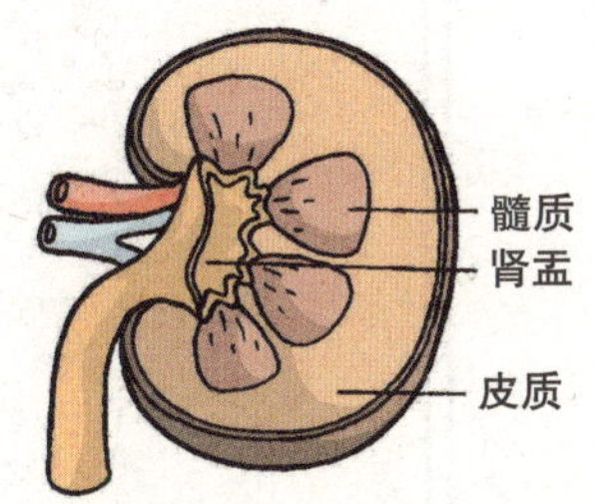

通过肾动脉进入肾脏的血液先经过肾脏外侧的皮质，然后进入内侧的髓质，
髓质
肾盂
皮质

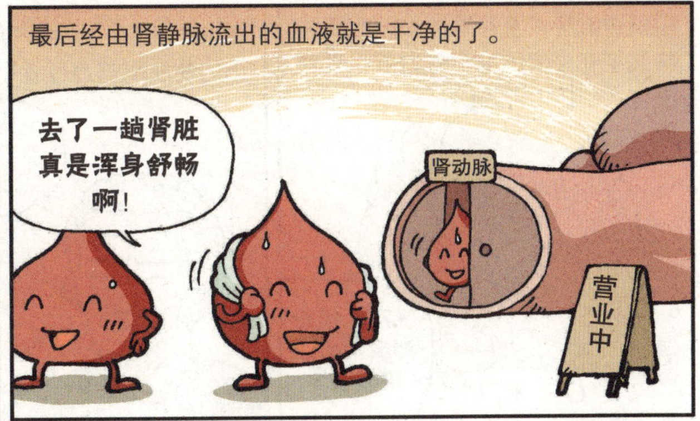

最后经由肾静脉流出的血液就是干净的了。
去了一趟肾脏真是浑身舒畅啊！
肾动脉
营业中

这时被过滤出来的代谢废物，首先会在最前面的肾盂做短暂的停留，

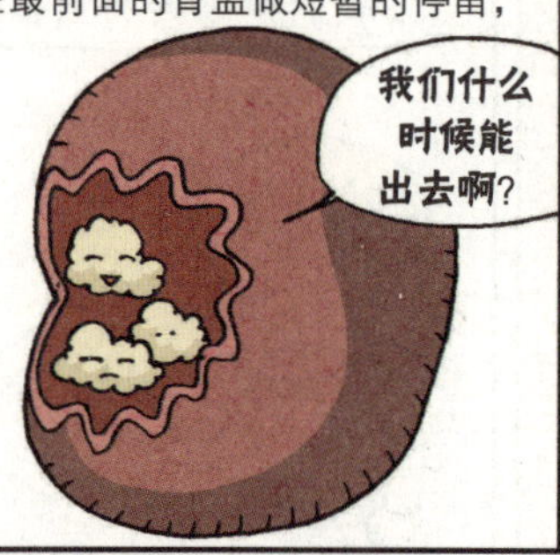


然后顺着输尿管进入膀胱被储存起来，

最后当人有尿意的时候，再通过尿道排出体外。

大家看到图中的肾小球和肾小囊了吗？

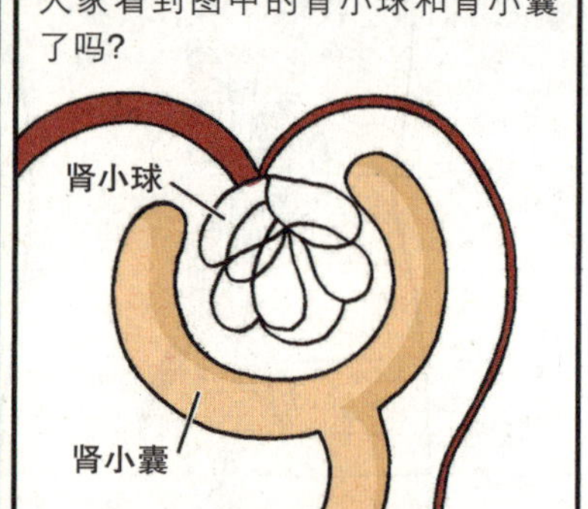


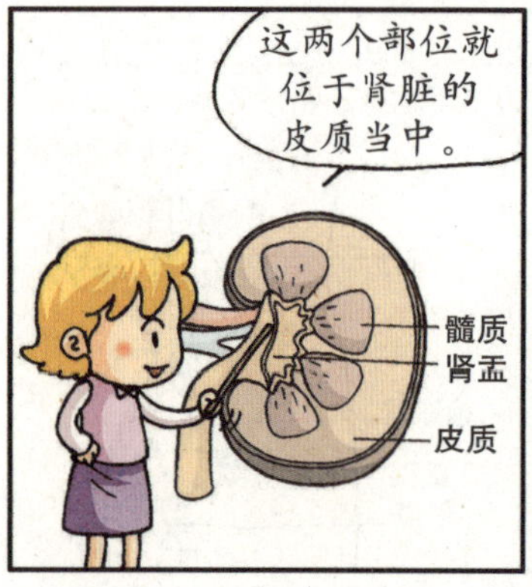


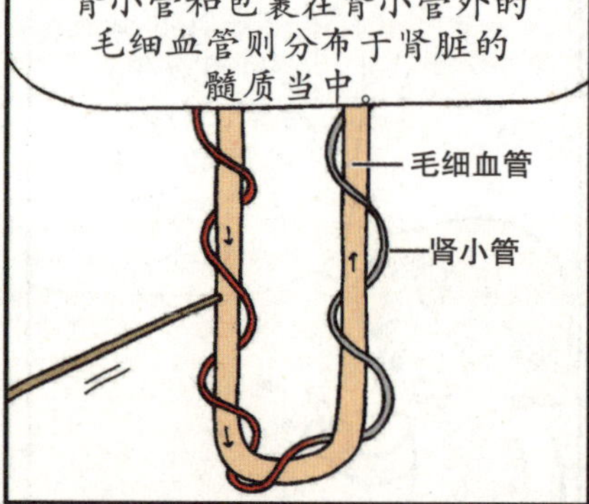


我们先来看一看肾脏的皮质部分，血液从宽敞的肾动脉流入，

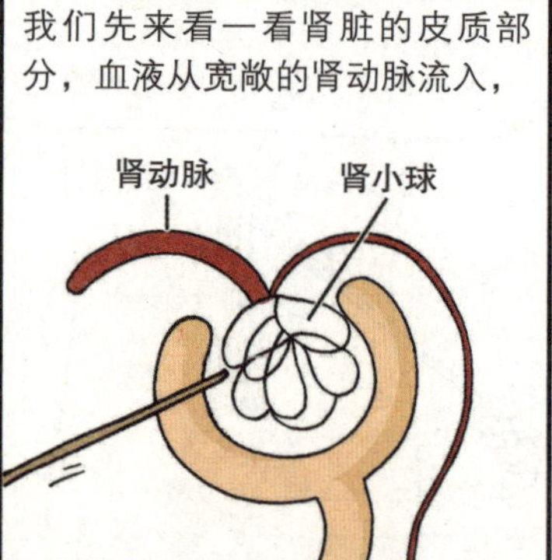


突然进入了“肾小球”如同线团一样缠绕在一起的窄小的血管，受到了很大的压力冲击。

哇啊，谁在那么用力地推我啊？

在这个血压的作用下，只有一些分子小的物质能够通过肾小囊进入肾脏。

比过滤网孔洞大的物质是无法通过的，只有比过滤网小的物质才能够通过。
拜拜，我先走了。

这时通过肾小囊的物质会进入肾小管，没有通过的物质就直接流入血管。

那么只要是代谢废物就会通过肾小囊进入肾小管吗？

不是的，并不是只有代谢废物才能够通过肾小囊，不是代谢废物就无法通过……

要记住不管物质本身是好是坏，只要分子本身足够小就可以通过。
块头大的人是无法通过的。

所以能够通过肾小囊进入肾小管的物质包括水、矿物质、尿素、葡萄糖等小分子物质，

而像未经消化的物质和血球等大分子物质自然就无法通过咯。
等一下，等一下……

那这样的话岂不是连葡萄糖这种已经消化好的营养素也会被一起扔掉了吗？

那当然是不行的啦。所以经过过滤得到的物质称为“原尿”，

它和最后排出体外的“尿液”是不同的。
不要把我和你混为一谈。
切！
原尿
尿液

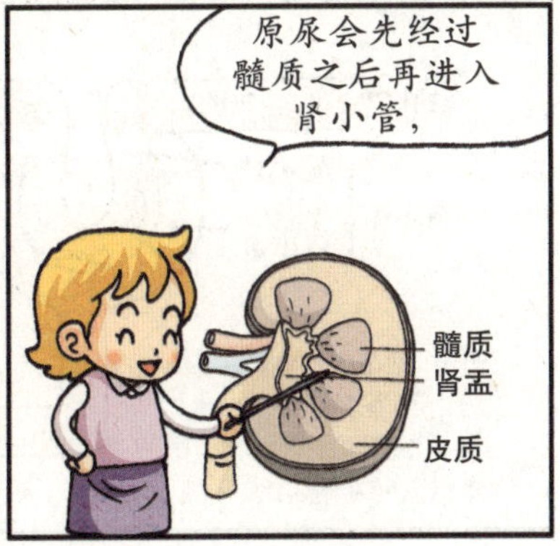
原尿会先经过髓质之后再进入肾小管，
髓质
肾盂
皮质

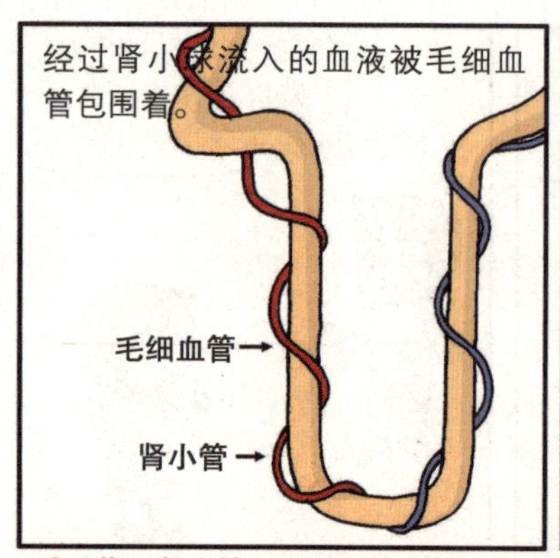


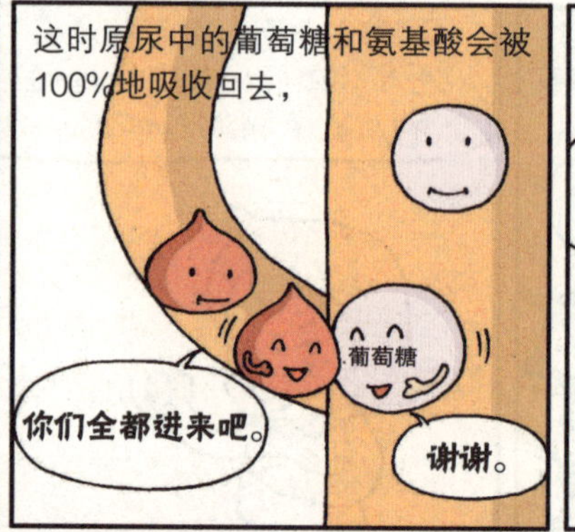


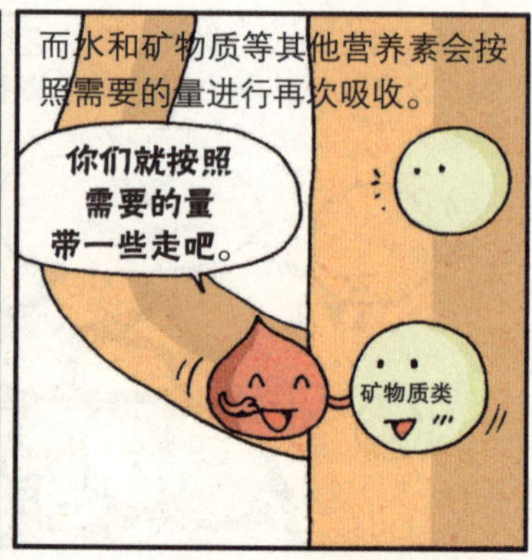


重吸收：肾小管→毛细血管（葡萄糖100%，其他营养素按需求量进行重吸收）
排泌：毛细血管→肾小管（排泌没有被过滤掉的尿素）

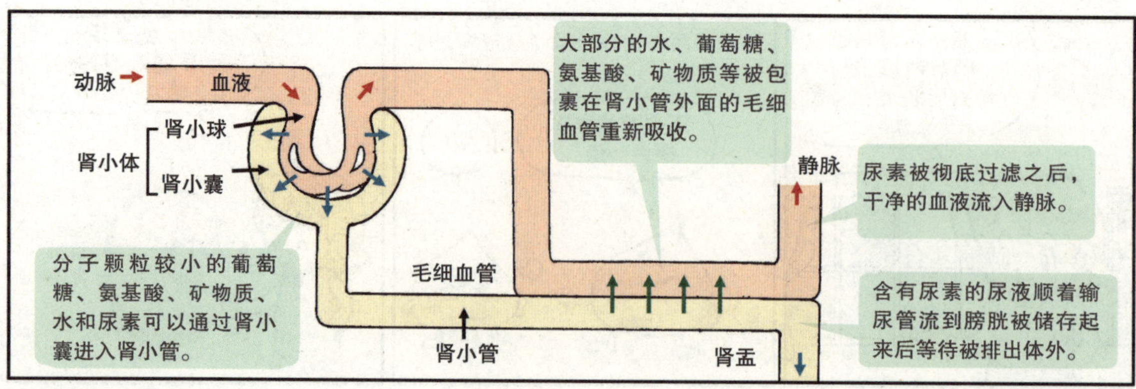

图中的**肾小球**和**肾小囊**合称为**“肾小体”**。

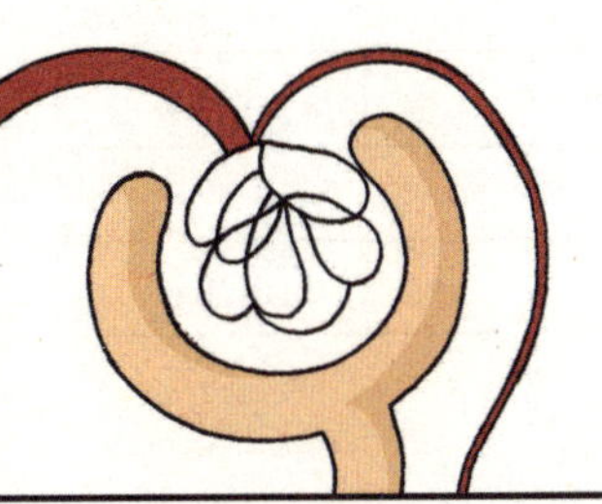

位于皮质内部的肾小球和肾小囊合起来可以看作是一个过滤装置。

统称为**“肾单位”**或**“肾元”**。

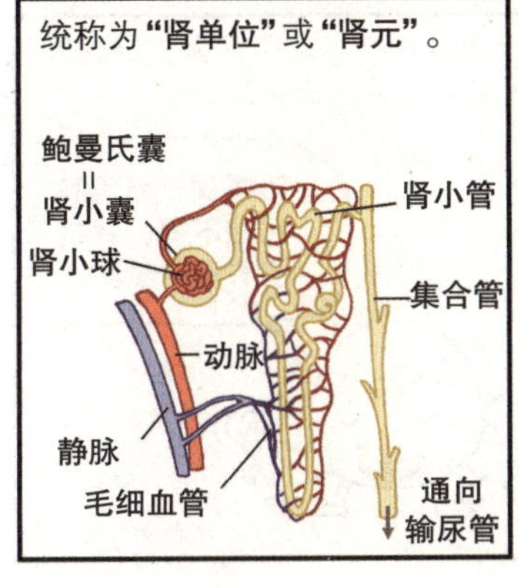


人类的肾脏中至少含有100万个肾单位。

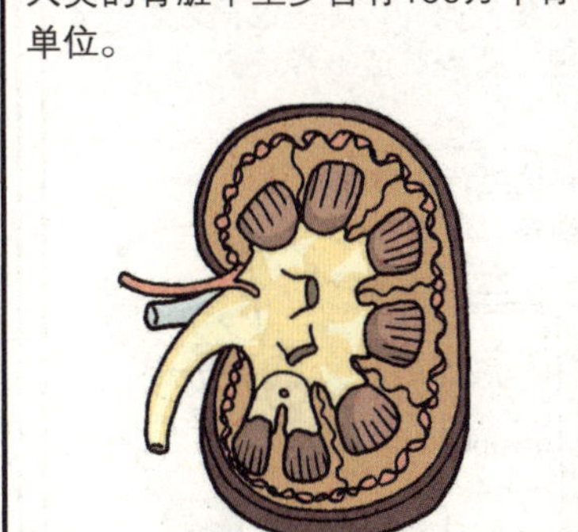

下面我们就来比较一下血液在经过肾脏过滤前后，在成分上有哪些差异。

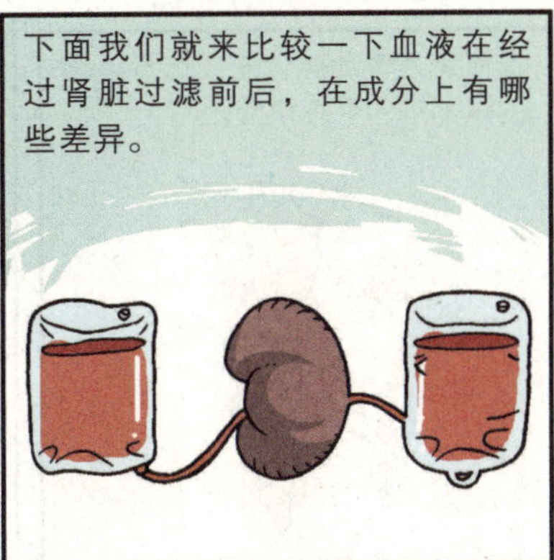

另外，尿液中葡萄糖的含量为0就表示葡萄糖被100%地重吸收回了血液中。

但是偶尔也会有从尿液中检测出葡萄糖的情况。

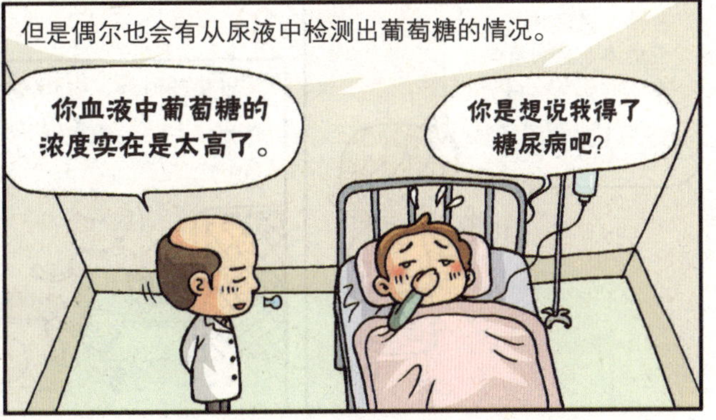

那么我们就用模拟图来整理一下尿液产生的整个过程吧。

| 肾动脉 | → | 肾小球 | → | 毛细血管 | → | → | → | 肾静脉 |
|---|---|---|---|---|---|---|---|---|
| | | ↓过滤 | | 重吸收↑↓排泌 | | | | |
| | | 肾小囊 | → | 肾小管 | → | 肾盂 | → | 输尿管 |
| | | （皮质） | | （髓质） | | | | |

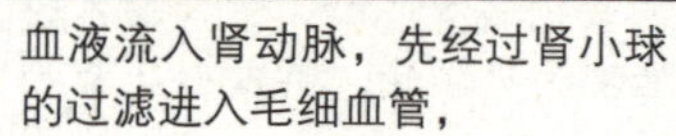


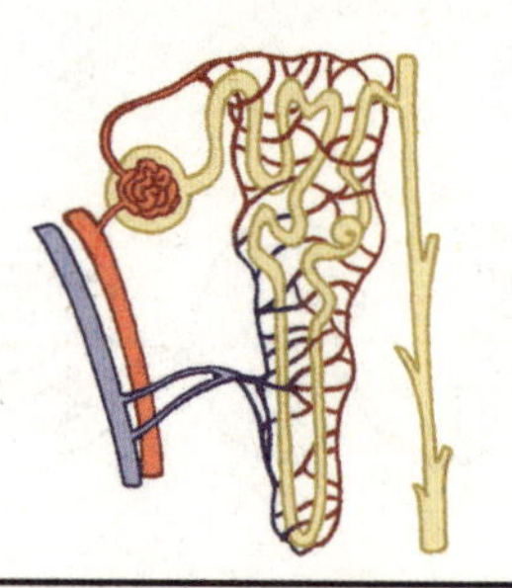

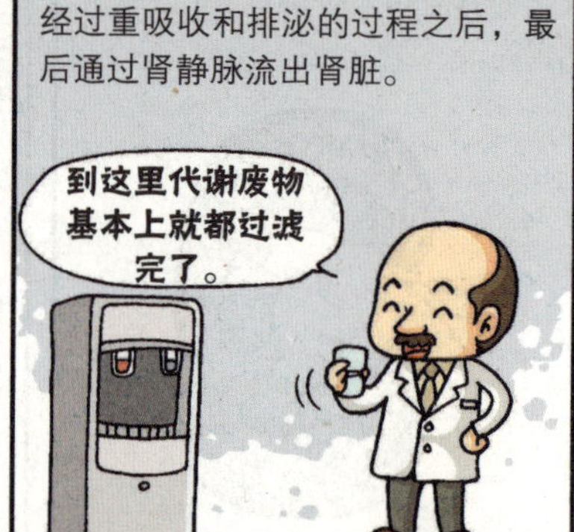

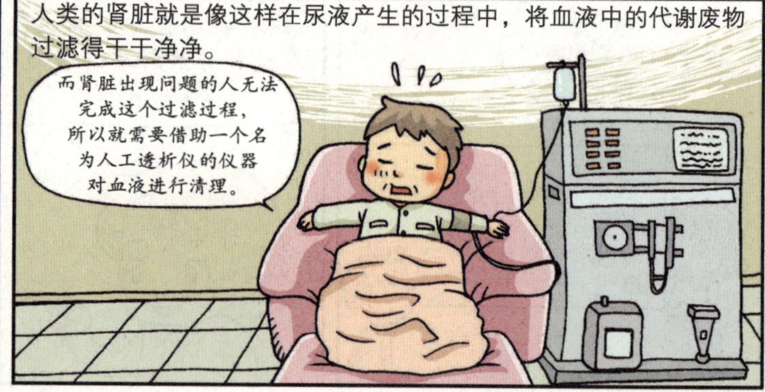

## 3) 汗

汗的味道尝起来是有些发咸的，
呃

汗是由我们身体的排泄器官之一汗腺分泌出来的。
嗯，难道你想说汗也是排泄物吗？

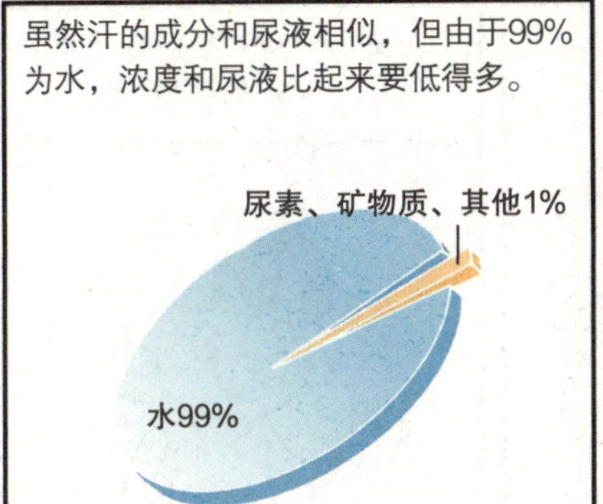
虽然汗的成分和尿液相似，但由于99%为水，浓度和尿液比起来要低得多。
尿素、矿物质、其他1%
水99%

而且汗的产生过程和尿液的比起来要简单得多。

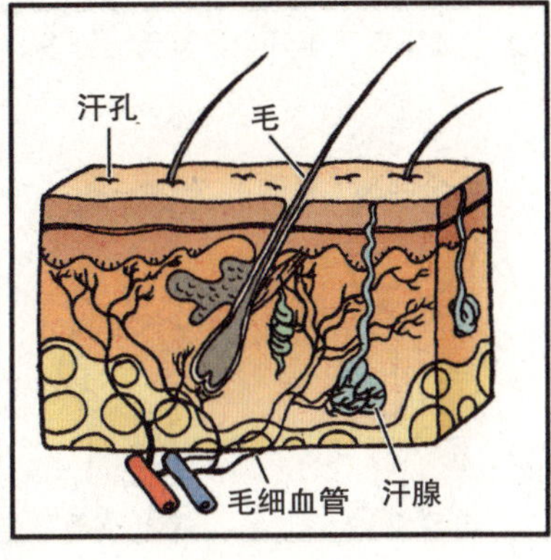
汗孔
毛
毛细血管
汗腺

汗腺位于真皮层，汗腺周围的毛细血管直接通过形似线团的汗腺
毛细血管
汗腺

分泌出水、盐分和一部分的代谢废物就可以了。

不仅是人类，大部分哺乳类动物的皮肤上都拥有汗腺。
你也有吗?

汗腺分布于全身，
人类全身约有200万~400万个汗腺。
19

尤其是手掌、脚掌、额头、鼻梁和腋下等部位分布有大量的汗腺。

这个汗腺通过长长的管道连接到皮肤表面，这个连接的位置就是“汗孔”。

汗的作用：①代谢废物的排泄 ②体温调节

其实啊……
？

你在电视上看到的电影是
我故意剪辑的录像带，
想逗你玩的。
什么？
嘟

真是的，姐姐
怎么能这样？
不过你今天
不是很努力地学习
生物知识了嘛。

切，我竟然一点
都不知道……
呵呵，
对不起啦！

嘎吱
硕基啊
……

咚
咚

呃啊，怪物真的到
我们家来了……
什……
什么？
啊

原本想给他准备一
个生日惊喜，怎么
晕过去了呢……
我就知道会这样！
真是拿他
没办法！

# 02 排泄

· 代谢废物的产生和排泄
· 尿液
· 汗

## 1) 代谢废物的产生和排泄

| | |
|---|---|
| 排泄 | 将细胞呼吸作用中产生的代谢废物运送至体外的过程。<br>意义——清理代谢废物，维持稳态（调节体内水分的量和盐类的量）。 |
| 代谢废物的生成 | 碳水化合物、脂肪 +氧气 → 能量+水，二氧化碳<br>蛋白质 +氧气 → 能量+水，二氧化碳，氨 |

| 不同种类的排泄 | | |
|---|---|---|
| | 水 | 通过肺、肾脏、汗腺分别以呼吸、尿液和汗的形式排出体外。 |
| | 二氧化碳 | 在肺中通过气体交换排出体外。 |
| | 氨 | 在肝脏中转化为毒性较低的尿素之后，通过尿液和汗的形式排出体外。 |

## 2) 尿液

| 排泄器官 | | | |
|---|---|---|---|
| | 肾脏 | | 人有一对长得像扁豆一样的肾脏，位于腰部的脊椎两侧。<br>它能够过滤血液中的代谢废物，产生尿液。 |
| | | 皮质 | 位于肾脏的最外侧，含有无数的肾小体。<br>肾小体——肾小球+肾小囊<br>血液在流经肾小球的时候，血液中含有的代谢废物会被肾小囊过滤出来。 |
| | | 髓质 | 位于肾脏的内侧，含有肾小管。<br>肾小管与肾小囊相连，被毛细血管包裹着，是进行营养素重吸收和尿素排泌的部位。 |
| | | 肾盂 | 位于肾脏的最内侧，最终生成的尿液都聚集在这个空间内，然后顺着输尿管向膀胱移动。 |
| | 输尿管 | | 连接肾盂和膀胱的管道，负责将在肾脏中产生的尿液输送至膀胱。 |
| | 膀胱 | | 暂时储存尿液的部位，随后会通过尿道排出。 |
| | 尿道 | | 最终将尿液排出身体的通道。 |

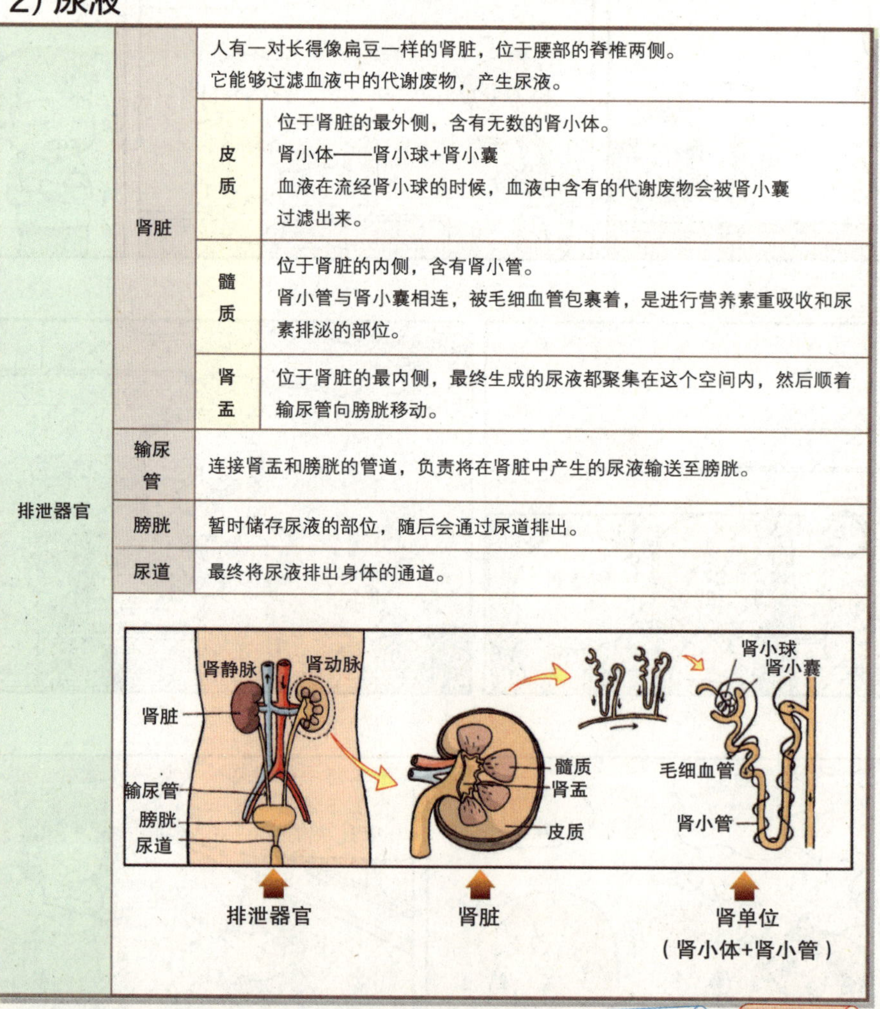

| | 分类 | 移动方向 | 移动物质 | 特征 |
|---|---|---|---|---|
| 肾脏的作用 | 过滤 | 肾小球<br>↓<br>肾小囊 | 水、尿素、葡萄糖、氨基酸、矿物质等 | 过滤血液中的代谢废物。<br>蛋白质、血球等大分子物质不会被过滤出去。<br>被肾小囊过滤出来的物质称为原尿。 |
| | 重吸收 | 肾小管<br>↓<br>毛细血管 | 水、葡萄糖、氨基酸、矿物质等 | 重新吸收身体所需的营养素。<br>葡萄糖和氨基酸被100%重吸收。 |
| | 排泌 | 毛细血管<br>↓<br>肾小管 | 尿素等 | 血液中残留的未能被过滤出去的代谢废物重新排泌至肾小管中。 |

肾动脉 → 肾小球 → 毛细血管 → 肾静脉

肾小球 ↓过滤 肾小囊；毛细血管 重吸收↑ ↓排泌 肾小管

肾小囊 → 肾小管 → 肾盂 → 输尿管

（皮质）（髓质）

## 3) 汗

| | |
|---|---|
| 汗腺 | 位于皮肤真皮层。<br>将汗腺周围的毛细血管过滤出的水、尿素等代谢废物排泄出去。 |
| 汗的成分 | 99%为水，并含有尿素、盐分等。 |
| 作用 | 代谢废物的排泄：将血液中的代谢废物过滤出来，排泄出去。<br>体温调节：汗蒸发的时候，以汽化热的形式降低体温。 |

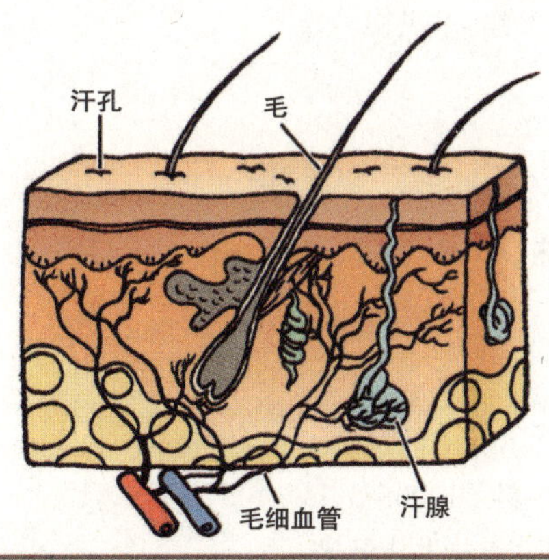

**图书在版编目（CIP）数据**

我是生物王 ：全4册 / 韩国善友教育出版社编辑部著绘 ；洪梅译. --北京 ：北京联合出版公司，2013.12（2018.1重印）
（我是学习王）
ISBN 978-7-5502-2585-5

Ⅰ. ①我… Ⅱ. ①韩… ②洪… Ⅲ. ①生物课-中学-教学参考资料 Ⅳ. ①G634.913

中国版本图书馆CIP数据核字(2014)第006183号

著作权合同登记 图字：01-2014-0994号



我是学习王

**我是生物王②**

〔韩〕善友教育出版社编辑部 / 著绘　洪梅 / 译

丛书总策划/黄利　监制/万夏
责任编辑/张萌
编辑策划/设计制作/**奇迹童书**　www.qijibooks.com

北京联合出版公司出版
（北京市西城区德外大街83号楼9层　100088）
北京瑞禾彩色印刷有限公司印刷　新华书店经销
117千字　787毫米×1092毫米　1/16　22.25印张
2014年3月第1版　2018年1月第4次印刷
ISBN 978-7-5502-2585-5
定价：79.6元（全4册）

## 紫图·育儿课　你的N岁孩子系列　全球阶梯教养圣经

# 爱ta，就要了解ta

耶鲁大学40年研究成果　兰登书屋30年当家好书

从哭闹任性到对着干，从心智发展到教养难题，你想知道关于孩子的一切，尽在本书

上千位孩子真实成长跟踪，两代父母，3亿家长的信赖选择

出版社：江西科学技术出版社　定价：1-9岁 25元／册　10-14岁 29.9元／册

**李跃儿** 中国著名儿童教育专家，中国芭学园创始人。

**胡萍** 中国儿童性教育的先驱，《成长与性》等畅销书的作者。

**小巫** 著名儿童教育专家，被誉为"中国的斯波克博士"。

**兰海** 上瀚教育机构创始人，中央电视台《成长在线》特邀专家。

**安燕玲** 《怎样说孩子才会听》的中文译者。

**海文颖** 职场妈妈心灵成长小说《我要做个好妈妈》的作者，浩途家庭俱乐部创始人。

**倾情推荐**

**编辑推荐**

耶鲁大学40年研究成果，美国格塞尔人类发展中心根据上千位孩子真实成长跟踪总结的早教百科，兰登书屋30年当家好书，全球阶梯教养圣经，两代父母，3亿家长的信赖选择，内容全面，一岁一本，从日常生活到教养难题，关于孩子不同阶段的一切，都在书中可以找到！

介绍孩子每年的身心发展特质和成长规律，孩子各方面能力的发展情况，怎样在每一年引导人际关系能力的发展，为孩子在每一年出现的让父母头疼问题提供解决方案，提供和不同年龄阶段孩子相处的技巧，提供教养建议。

# 紫图亲子·有爱有梦想

**和你一起，我不怕老去**
定价：42.00元
出版社：北京日报出版社

**爱，让我们彼此听见**
定价：42.00元
出版社：北京联合出版公司

**不会写读后感，就看这一本**
定价：34.80元
出版社：北京联合出版公司

**一定要告诉儿子的那些事**
定价：35.00元
出版社：北京联合出版公司

**一定要告诉女儿的那些事**
定价：35.00元
出版社：北京联合出版公司

**害怕当众讲话，就读这一本**
定价：34.80元
出版社：北京联合出版公司

**我的第一套圣经故事书**
出版社：江苏凤凰美术出版社
定价：299元（全12册）

**初次见面绘本系列**
出版社：江西科学技术出版社
定价：99元（全11册）

**埃米尔和露露**
出版社：江西科学技术出版社
定价：90元（全10册）

"爱读"
每天为您分享好书，
精选书摘

**看其他好书请关注**
紫图微博：@紫图图书（每日关注，阅读精彩）
名牌志微博：@名牌志BRAND
奇迹童书微博：@奇迹童书